Kennen Sie
Darmstadt?

Stadtführer

Überarbeitete Neuauflage

Zeichenerklärung

 Zusätzliche Informationen
zum Text, Öffnungszeiten etc.

 Haltestelle ÖPNV

 Bekannter Darmstädter

 Bekannte Darmstädterin

 Jugendstilgebäude

Herausgeber: Weststadt Verlag
Fotos: siehe Verzeichnis
Karten und Pläne: Stadtkartographie Darmstadt
Layout, Satz und Gestaltung: Lindenmayer+Lehning, Darmstadt
Druck und Bindung: Ph. Reinheimer GmbH, Darmstadt

Inhalt

Grußwort

Wer als Reisender in eine Stadt kommt, ist meist sehr damit beschäftigt, die Sehenswürdigkeiten in eine sinnvolle und, für den meist kurzen Aufenthalt, auch effektive Ordnung zu bringen. Vieles bleibt dabei aus Zeitgründen auf der Strecke. Das mag als guter Grund für einen weiteren Besuch durchgehen, doch wie gerne hätte man gleich mehr gesehen. In diesem Stadtführer aus dem Weststadt-Verlag zeigen die von Kennerhand zusammengestellten, kundigen Routen in feinster Übersicht und thematisch gebündelt, die vielen Gesichter der Wissenschaftsstadt Darmstadt – jedes für sich spannend und attraktiv.

Auf 19 Routen werden wir durch traditionelle Stadtviertel, klassische Höhepunkte des Darmstädter Jugendstils und eine lebendige Innenstadt geführt. Die meisten Strecken sind in einem überschaubaren Rahmen zu Fuß erlebbar. Bequem erreichen wir die weiter weg liegenden Startpunkte mit Straßenbahnen und Bussen, auch die Parkhäuser finden sich in einer Übersicht. Dass bei den Sehenswürdigkeiten nichts vergessen wurde und die Routen eine detailreiche Innensicht unserer Stadt vermitteln, macht ein entspanntes Erkunden auch bei wenig Zeit möglich.

Neu dabei ist eine Strecke, die mir persönlich besonders gut gefällt, weil sie originell und für unsere Stadt von besonderer Bedeutung ist: Die Wissenschaftsroute zieht sich – quer durch Darmstadt – entlang der großen Einrichtungen aus Forschung und Lehre, die uns als Wissenschaftsstadt heute besonders prägen und die unseren Anspruch als weltoffene, internationale Stadt mittragen. Ebenfalls neu und einzigartig ist die Route entlang des Waldkunstpfades. Sie führt uns auf verschlungenen Wegen durch den südlichen Teil des Darmstädter Stadtwaldes, entlang an geheimnisvollen, im zweijährigen Rhythmus von internationalen Künstlern gestalteten Kunstwerken. Bemerkenswert an der Neuauflage ist auch die zweiseitige Übersicht über die Geo-Naturpark-Punkte und -Pfade, die es in und um Darmstadt in beachtlicher Zahl gibt.

Ich verrate kein Geheimnis, wenn ich Ihnen erzähle, dass selbst unsere Bürgerinnen und Bürger von diesem kleinen Reiseführer, der hiermit bereits in einer zweiten, gründlich überarbeiteten Neuauflage erschienen ist, so angetan sind, dass sie ihn auch anderen Darmstädtern zum Geschenk machen. Kein Wunder, bieten die einzelnen Routen doch Gelegenheiten für herrliche Sonntagsspaziergänge, bei denen sich die eigene Stadt noch einmal ganz neu entdecken lässt.

Ganz egal also, ob Sie aus Darmstadt oder aus der Ferne kommen: Ich bin sicher, Sie haben viel Spaß beim Erkunden unserer ganz besonderen Stadt.

Jochen Partsch
Oberbürgermeister

Von damals bis heute

Philipp der Großmütige
Standbild im Schloss

Die Ursprünge Darmstadts liegen im Dunkel der Geschichte. Es gibt Grabfunde, die vom Ende der Jungsteinzeit (um 1800 v. Chr.) stammen und zahlreiche Bodendenkmale aus der Bronze- und Eisenzeit. Zum ersten Mal urkundlich erwähnt wurde der heutige Stadtteil Bessungen, die damalige Grafschaft Bezcingon im Jahr 1002. Etwa zur gleichen Zeit entstand hier eine Wasserburg mit einem künstlich angelegten Wassergraben, vermutlich eine Verteidigungsanlage für die Bauern der Ansiedlung Darmundestat, die den Grafen zu Katzenelnbogen von der bischöflichen Kirche in Würzburg als Lehen gegeben wurde. Erzählt wird die Sage vom Wildhüter Darimund, der die Siedlung gegründet und ihr seinen Namen gegeben haben soll. Wahrscheinlicher ist aber die Annahme, dass es sich um eine befestigte Durchgangs-Siedlung der Franken gehandelt hat, daher der Name: dar – Befestigung, munde – Durchgang, stat – Siedlung. Die Siedlung breitete sich aus, wurde zum Dorf und 1330 zur Stadt. Kaiser Ludwig der Bayer bewilligte, „daz si ein stat ze Darmstat bauen und machen sullen mit muren und mit graben, so sie beste mugent und auch wellent, und einen wochenmarcht da haben sullen alle wochen an dem dinstag". Als 1479 der letzte Katzenelnbogener starb, erbten die Landgrafen von Hessen den Grundbesitz. Nach dem Tod Philipps des Großmütigen wurde die Landgrafschaft unter seinen vier Söhnen aufgeteilt. Georg I. erhielt Darmstadt und machte 1567 die Burg zu seinem Wohnsitz. Von da an sorgten die Fürsten für geschäftiges Leben. Eine rege Bautätigkeit setzte ein, die unscheinbare Kleinstadt entwickelte sich zur Residenz und aus der Burg wurde ein Schloss. Der Dreißigjährige Krieg unterbrach die Entwicklung, konnte sie jedoch nicht aufhalten. Der Frieden brachte neuen Aufschwung und die ehemals begonnene Stadterweiterung wurde weiter ausgeführt. Im 18. Jahrhundert kam der Absolutismus auch in der Baukunst zum Ausdruck und wurde von den Fürsten zur Darstellung ihrer Macht benutzt. Landgraf Ernst Ludwig (1678–1739) schloss sich voll und ganz der neuen Geistesrichtung an. Er berief den französischen Baumeister Remy de la Fosse nach Darmstadt, der anstelle der alten Wasserburg ein Barockschloss plante und die Orangerie anlegte. Zu den bekanntesten Männern des geistigen Darmstadt gehörten der Thomasschüler Christoph Graupner (Musik), der Maler Johann Konrad Seekatz, der Schriftsteller Helfrich Peter Sturz, der Physiker Georg Christoph Lichtenberg, sowie der Kriegsrat Johann Heinrich Merck. Die treibende Kraft für den Aufschwung der Stadt war der Hof. 1720 hatte sich die Zahl der Zünfte auf 29 erhöht.

Baulich trat nach Landgraf Ernst Ludwig Stillstand ein, obwohl die nachfolgende Landesmutter, die Große Landgräfin Karoline, berühmte Künstler, Literaten und Geisteswissenschaftler um sich versammelte und obwohl Handwerk und Handel blühten. Die Jagd- und Soldatenleidenschaft ihres Gemahls, des Landgrafen Ludwig IX., der mit Vorliebe in Pirmasens bei seinen Soldaten weilte, verschlang enorme Summen und brachte so den Landeshaushalt in Ungleichgewicht. Das besserte sich erst wieder, als 1790 Ludwig X. die Regierung übernahm. Er trat 1806 dem Rheinbund bei und wurde von Napoleon zum Großherzog Ludwig I. ernannt. Mit der von ihm genehmigten Verfassung wurde die Gewerbefreiheit eingeführt und die Entwicklung der Industrie schritt weiter voran. 1827 gründete Heinrich Emanuel Merck eine Chemie-Fabrik vor den Toren der Stadt, die zahlreichen Arbeitnehmern ein Auskommen sicherte. Ende des 19. Jahrhunderts war es Großherzog Ernst Ludwig, der den Ruf Darmstadts auf kulturellem Gebiet weit über die Grenzen des Landes hinaus bekannt machte. Er berief sieben Künstler auf die Mathildenhöhe und errichtete ihnen dort eine Schaffensstätte. Die Anlage selbst mit Wohnhäusern, Ateliergebäude und Ausstellungshallen ist ein beeindruckendes Gesamtkunstwerk des Jugendstils.

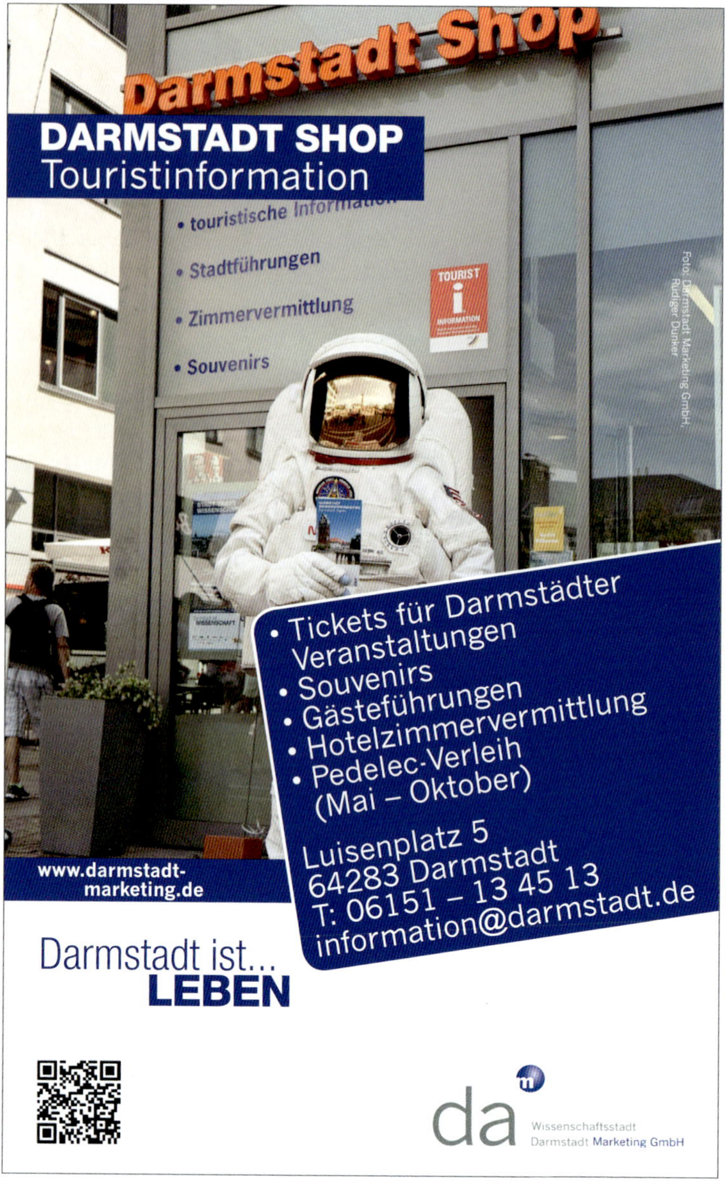
Darmstadt Shop
DARMSTADT SHOP
Touristinformation
• touristische Information
• Stadtführungen
• Zimmervermittlung
• Souvenirs
TOURIST
i
INFORMATION
Foto: Darmstadt Marketing GmbH, Rüdiger Dunker
• Tickets für Darmstädter Veranstaltungen
• Souvenirs
• Gästeführungen
• Hotelzimmervermittlung
• Pedelec-Verleih (Mai – Oktober)
Luisenplatz 5
64283 Darmstadt
T: 06151 – 13 45 13
information@darmstadt.de
www.darmstadt-marketing.de
Darmstadt ist...
LEBEN
da
Wissenschaftsstadt
Darmstadt Marketing GmbH

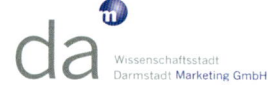

© bit-Al6-Hallen

Route 1 – Stadtmitte

Luisenplatz – Ludwigsmonument – Kollegiengebäude – Luisencenter –
Friedensplatz – Weißer Turm – Residenzschloss – Schlossmuseum – Marktplatz
– Altes Rathaus – Stadtkirche – Piazza – Technische Universität Darmstadt –
Stadtmauer

Luisenplatz

HEAG mobilo
Kundenzentrum
Luisenplatz 6

Geöffnet
Mo – Fr 8 – 18 Uhr,
Sa 9 – 13 Uhr

RMV-Hotline
0 18 05 · 7 68 46 36

Darmstadt Shop,
Luisencenter
Touristinformation

Luisenplatz 5

Geöffnet
Mo – Fr 10 – 18, Sa 10 – 16 Uhr
April bis Sept: So 10 – 14 Uhr

Tel. 13 45 13

Unser Startpunkt ist der im Barock konzipierte und nach Großherzogin Luise benannte **Luisenplatz** (J. H. Müller, 1791). Bereits 1804 war der Platz vollständig umbaut. Nach der totalen Zerstörung im Krieg 1944 – allein die Ludwigssäule war stehen geblieben – wurde nur das Kollegiengebäude in alter Form wieder hergestellt. 1979 erhielt der Platz seine sternförmige und farbige Pflaster-Gestaltung.

In der Mitte des Platzes erhebt sich das **Ludwigsmonument,** errichtet 1842 – 44 nach Entwürfen von Georg Moller. Es erinnert an den ersten Hessischen Großherzog Ludwig I. und die unter seiner Herrschaft verabschiedete Hessische Verfassung. Die Gesamthöhe des Denkmals beträgt 39,15 Meter, in 30 Metern Höhe gibt es eine Aussichtsplattform (nur zu besonderen Anlässen geöffnet), die im Inneren der Säule durch eine Wendeltreppe zu erreichen ist. Hier erhebt sich die Figur des Großherzogs (Schwanthaler) in Imperatorpose.

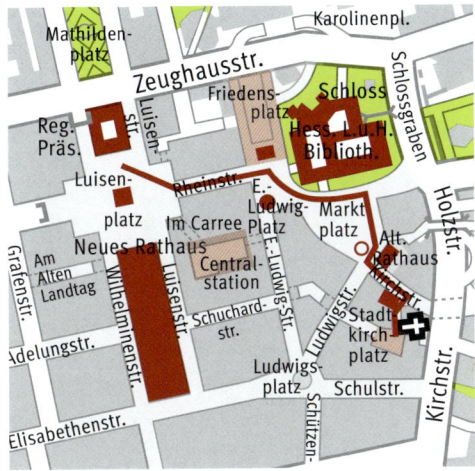

Im Norden steht das **Kollegiengebäude**. Es entstand 1778–81 nach Plänen von Cancrin als Sitz der Ministerien. Die mittleren fünf der 15 Achsen des Hauses sind zu einem flachen Risalit (vorspringender Gebäudeteil) zusammengefasst, der durch eine Balustrade und ein Postament mit liegendem Löwen bekrönt wird.

Hörtour-Linien
Darmstadt Marketing bietet mobile Reiseführer für Handy und Smartphone zu den Sehenswürdigkeiten. Entweder als Spaziergang oder als akustische Stadtführung mit der Straßenbahn auf mehreren Linien.

Hörtour zu Innenstadt und Mathildenhöhe
siehe Seite 51.

Hörtour Linie 3
siehe Seite 101.

Hörtour Linie 8
siehe Seite 111.

Hörtour ‚Wissenschaftslinie 4'
siehe Seite 145.

www.darmstadt.tomis.mobi

Haltestelle Luisenplatz
Straßenbahn 2, 3, 4, 5, 6, 7, 8, 9
Bus F, H, K, L
sowie diverse Regionalbusse

Sparkasse KundenCenter
Am Luisenplatz
Rheinstr. 10 – 12

Kollegiengebäude

Im Carree

Im Haus Luisenstraße 1 lebte einstmals der Dichter Matthias Claudius (1740–1815), der als Redakteur bei der zweimal wöchentlich erscheinenden ‚Hessen-Darmstädtischen privilegierten Landeszeitung' arbeitete. Es hielt ihn aber nur ein Jahr in Darmstadt, da er die Luft nicht gut vertrug. Während seines Aufenthalts soll er das Lied ‚Der Mond ist aufgegangen' gedichtet haben.

Centralstation
Ticket-Hotline 3 66 88 99

Durch das Anwachsen der Landesteile (1803 und 1815) nahmen die Aufgaben der Ministerien zu. 1825 errichtete Georg Moller das **Neue Kanzleigebäude** als Rückbau mit Blick zum Mathildenplatz. Der vierstöckige Bau erinnert an Florentiner Renaissancepaläste: im Erdgeschoss Rundbogenfenster, rechteckige Fenster in den Obergeschossen, der Gebäudeabschluss mit ausladendem Kranzgesims und flachgeneigtem Dach. Bemerkenswert auch die Innenhoffassade mit dem Treppenhaus.

Gegenüberliegend sehen wir das **Luisencenter,** das 1975–77 an Stelle des im Krieg zerstörten Alten Palais erbaut wurde. Durch die Luisenstraße gelangen wir zum Innenhof **Carree** mit den Hallen des ehemaligen Elektrizitätskraftwerks (Franz Frenay, 1904). Das Kraftwerk war nur bis 1921 in Betrieb und beherbergte danach eine Schlosserei, andere Werkstätten und später auch eine Schaltwarte für Straßenbahnen. 1994 begannen die Bauarbeiten für eine vollkommen veränderte Bedeutung. Man plante den einen Teil für kulturelle Veranstaltungen und den anderen als Markthalle zu nutzen. Zugleich wurde der Innenhof neu gestaltet und für Ladengeschäfte ausgebaut. 1999 war die Eröffnung.

Wieder zurück am Luisenplatz werfen wir noch einen Blick auf die beiden **Springbrunnen** (J. M. Olbrich, 1907) rechts und links der Straßenbahnen – der Luisenplatz ist der Dreh- und Angelpunkt des Personennahverkehrs – und betrachten in der Nordostecke das 1913 von H. Jobst geschaffene **Liebig-Denkmal,** das eine Verbindung von Wissenschaft und Natur demonstriert. Den nordöstlichen Abschluss der weiten Platzanlage bildet das Merck-Haus (Pabst und Schmitt, 1955) mit der 1654 gegründeten Merckschen Engel-Apotheke.

Vom Luisenplatz gehen wir ein kurzes Stück die Rheinstraße in östlicher Richtung und gelangen zur Nr. 7, wo wir auf einen Stolperstein des Künstlers Günter Demnig treffen. Dem Straßenverlauf folgend, kommen wir zum **Friedensplatz**, der die räumliche Verbindung zwischen Schloss und Landesmuseum darstellt. Vor uns sehen wir das **Reiterdenkmal** Großherzogs Lud-

Reiterdenkmal
Großherzog Ludwig IV.

Darmstadt Card

Freie Fahrt mit Bussen und Bahnen

Vergünstigungen in Freizeit- und Kultureinrichtungen

www.darmstadt-marketing.de

Der Stolperstein erinnert an das Schicksal der Juden Moses Samuel und Bertha Posner. Ihr Geschäft wurde durch die Nazis zerstört und Moses erlitt durch den Aufenthalt im KZ Buchenwald schweres Leid.

Kundencenter City Echo
Luisenstraße 10

‚Langes Bäuchen'

Route 1 – Stadtmitte

INTEF
Designausstellungen
und Designsammlung

Friedensplatz 10

Tel. 4 80 08

wig IV. (F. Schaper, 1898). Es zeigt den Fürsten als Kommandeur der hessischen Division, die er im Krieg gegen Frankreich führte. Von der barocken Platzumbauung ist nur der alte **Marstall** und ein Nebengebäude, das sogen. **Lange Bäuchen** (E. P. Ploennies, 1720) übriggeblieben. Es ist der Sitz des Instituts für Neue Technische Form INTEF, das 1952 gegründet wurde und vorbildhaftes Industriedesign und herausragende Beispiele aus Architektur, Grafik, Typografie und Fotografie präsentiert.

Seitlich, in einer Nische der Schlossgrabenmauer, findet man das **Leibgardistendenkmal** (H. Jobst, 1928), einen tödlich verwundeten Löwen darstellend.

An der Südseite des Ernst-Ludwig-Platzes, gegenüber dem Reiterdenkmal, befindet sich der **Weiße Turm,** ein ehemaliger Eckturm der mittelalterlichen Stadtbefestigung. Er wurde im 15. Jahrhundert als begehbarer Wehrturm erbaut. Zugleich diente das nur von oben zu-

Residenzschloss, Ansicht vom Marktplatz

Wappen

Weißer Turm

gängliche Tiefgeschoss als Kerker, in den man die Gefangenen durch eine Luke an einem Strick abseilte. 1708 wurde der Turm erhöht und mit einem barocken Helm abgeschlossen. Vom Bombenangriff am 11. September 1944 blieb auch der Weiße Turm, wie die gesamte Innenstadt Darmstadts, nicht verschont. 1954 wurde er aus den Ruinen wieder aufgebaut und um ein Stockwerk erhöht, um der höheren Nachkriegsarchitektur rund um den Turm gerecht zu werden.

Durch ein gusseisernes Tor betreten wir das **Residenzschloss Darmstadt**, den ehemaligen Verwaltungssitz der Landgrafen und danach, von 1806 bis 1919, der Großherzöge von Hessen-Darmstadt. Die Ursprünge des Schlosses liegen in der Mitte des 13. Jahrhunderts, als die Grafen von Katzenelnbogen eine von einem breiten Graben umgebene Wasserburg errichteten und nach und nach innerhalb der Anlage weiter ausbauten. Nachdem Darmstadt den Landgrafen von Hessen zugefallen war, zog 1567 Landgraf Georg I. hier ein und nahm weitere Um- und Ausbauten an seinem Residenzschloss vor. 1627 entstand das Nordtor mit einem üppig geschmückten Mittelteil: Masken

Der **Weiße Turm** wird als Galerie genutzt.

Geöffnet
April bis September
Mi 15–19 Uhr + Sa 13–17

Tel. 37 25 25

Am letzten Mai-Wochenende wird rund um das Residenzschloss das **Schlossgrabenfest** veranstaltet. Rund 100 Bands bieten auf vier Bühnen in einer einzigartigen Festivalkulisse ein buntes Musikprogramm.

Tel. 36 07-2 20

www.schlossgrabenfest.de

Glockenbau

am Untergeschoss, zwei wappentragende Löwen am Obergeschoss, Schrifttafeln aus Schiefer und als Bekrönung zwei Obelisken. Eine bedeutende Erweiterung erhielt das Schloss unter Landgraf Ludwig VI., der zusätzlich zu den bereits vorhandenem *Herrenbau, Weiße-Saal-Bau, Kirchenbau* und *Kaisersaalbau,* den *Glockenbau* (J. W. Pfannmüller, 1663 –71) errichten ließ, denn er benötigte Wohnraum für seine große Familie (15 Kinder). Das viergeschossige Gebäude zieren drei Giebel mit schwungvollen Voluten, die waagrecht durch Gurte, senkrecht durch Pilaster gegliedert sind. Die offene Glockenstube des Turms enthält seit 1671 das *Glockenspiel* (jede Viertelstunde ertönt eine kurze Tonfolge, zur halben Stunde ein Volkslied, zur ganzen ein Choral).

Zu Beginn des 18. Jahrhunderts beauftragte Landgraf Ernst Ludwig den Architekten Louis Remy de la Fosse den Plan einer neuen, gigantischen Schlossanlage vorzulegen. Dieser sah den Abriss sämtlicher Altbauten vor, das *Neue Schloss* sollte ein Turm von 75m Höhe überragen. Im Schlossmuseum zeigt heute ein 1:50-Modell die meisterhafte Durcharbeitung des Projekts, das deutlich an das Schloss Versailles erinnert. Als de la Fosse 1726 starb, stand das Projekt erst im Rohbau und die Ausführung blieb schließlich auf zwei Flügel beschränkt. Bemerkenswert ist der Mittelrisalit im Südflügel zur Marktfront. Über dem Mittelfenster das von Löwen gehaltene Wappen der Landgrafschaft, über den seitlichen Fenstern zwei Reliefs, Krieg und Ruhm von J. W. Eckhardt. Die auf dem Hauptsims stehenden allegorischen Sandsteinfiguren – Treue, Liebe, Gerechtigkeit, Wohlstand – sind Repliken. Die

Der Blaue Salon im Schlossmuseum

Landgräfin Caroline

Originale sind unter den Arkaden des Parforce-hofes aufgestellt. In der Toreinfahrt stehen Landgrafenstandbilder von Philipp dem Groß-mütigen und Georg I. (J. B. Scholl, 1845) als 3 m hohe Sandsteinmonolithe. In der Darmstädter Brandnacht brannte das Schloss bis auf die Au-ßenmauern nieder. In zwanzigjähriger Arbeit wurde der äußere Zustand der Vorkriegszeit weitgehend detailgetreu wieder hergestellt. Im Glocken- und Kirchenbau befindet sich heute das Schlossmuseum. Dessen Sammlung ge-währt anhand von Bildern, Möbeln, Schmuck- und Gebrauchsgegenständen einen Einblick in die fürstliche Wohn- und Lebenskultur vom 16. bis zum frühen 20. Jahrhundert. Daneben wer-

Schlossmuseum Darmstadt
Residenzschloss
Marktplatz 15

Geöffnet
Fr – So 10 – 17 Uhr

Führungen
im 90-Minuten-Takt

Tel. 2 40 35

www.schlossmuseum-
darmstadt.de

Die vielseitige Sammlung des 1924 von Großherzog Ernst Ludwig ge-gründeten Darmstädter Schlossmuseums lädt mit ihren zahlreichen regionalen und familiengeschichtlichen Bezügen zu einer Zeitreise durch die Jahrhunderte ein. In den nach Epochen eingerichteten Schauräumen präsentiert das Museum neben Gemälden und Skulp-turen angewandte Kunst vom 16. bis zum frühen 20. Jahrhundert, darunter u. a. Möbel, Tapisserien, Uhren, Glas, Keramik, Gold- und Silberarbeiten.

Alexa-Beatrice Christ

Route 1 – Stadtmitte

Altes Rathaus

Hörtour
Spaziergang vom Luisen-
platz zur Mathildenhöhe
unter
Tel. 0 89 - 210 833 7001-01

den die Geschichte der Stadt, des Darmstädter
Fürstenhauses und dessen Verbindungen zu
anderen europäischen Adelshäusern dokumentiert.

Im Schloss sind ebenfalls einige Institute der
Technischen Universität Darmstadt untergebracht.

Wir verlassen das Schloss an der Südseite und
stehen jetzt auf dem **Marktplatz**, der seit 1330
ein wichtiges Handelszentrum der Stadt und im
17. Jahrhundert auch der zentrale Gerichtsort
war. Zur unmittelbaren Bestrafung der Delin-
quenten dienten der Pranger, Holzkäfige und
ein ,Eselsbalken'. Umbaut war der Platz mit
Adelspalais und herrschaftlichen Wohn und Ge-
schäftshäusern. Von der ehemaligen Bebauung
ist nur das **Alte Rathaus** (J. Wustmann, 1590)
nach der Zerstörung wieder aufgebaut worden.
Markante Details der Renaissancearchitektur
sind die geschweiften Giebel. Das Gebäude beherbergt heute das Standesamt.

Bis ins 16. Jahrhundert war der **Marktbrunnen** die einzige öffentliche Wasserversorgungsstelle in Darmstadt. Zunächst war der 1486 erstmals erwähnte Brunnen aus Holz, weshalb die Konstruktion des damals viereckigen Troges und die Zuleitung sehr reparaturanfällig waren. 1780 bis 1782 wurde die einfache hölzerne Form abgerissen und durch einen steinernen Brunnen nach dem Entwurf des Landesbaumeisters Johann Helfrich Müller ersetzt. Das Erscheinungsbild ist bis heute geblieben, auch wenn der früher 2,50 Meter tiefe Brunnen 1896 aus Sicherheitsgründen bis auf 75 Zentimeter unter der Oberkante verfüllt wurde.

Wochenmarkt am Marktplatz

Kleines kann Großes bewirken. Dies ist auch bei den Stolpersteinen der Fall. Betonwürfel, mit einer Messingplatte an der oberen Seite sowie einer Inschrift, erinnern an die Opfer der Nazizeit. Juden wurden verfolgt, ihres Besitzes enteignet, in Konzentrationslagern gefoltert und getötet. Damit diese Menschen und ihre Geschichte nicht in Vergessenheit geraten, sind auf den Wegen durch Darmstadt zahlreiche Stolpersteine zu finden.

Da es den Angehörigen der Opfer oftmals nicht möglich war, ihre Verwandten und Freunde zu beerdigen, haben die Stolpersteine nicht nur die Aufgabe zu erinnern, sondern bilden auch einen Ort des Gedenkens.

Nadine Bohland

Am Südwestende des Platzes steht die Plastik ‚**Der Berserker**‘ von W. Grzimek (1976–79).
In östlicher Richtung liegt die **Goldene Krone**, das einzige in der Brandnacht erhaltene Gebäude der Darmstädter Altstadt. Das Haus wurde 1656 von Kammerdirektor Nicolaus Tilenius errichtet und 1683 zum Gasthaus ‚Zur

‚Der Berserker'

Der Literaturhistoriker und Politiker Georg Gottfried Gervinus (1805–1871) verfasste u.a. die achtbändige ‚Geschichte des 19. Jahrhunderts seit den Wiener Verträgen'.

Güldenen Cron' umgebaut. Der ursprüngliche Fachwerkbau erhielt 1890 eine historistische Fassadengestaltung. Die Masken über Fenster und Türen wurden 1894 vom Bildhauer Wagner angefertigt.

Vom Marktplatz gehen wir weiter durch die Kirchstraße am Hotel-Restaurant Bockshaut vorbei. Das Gebäude steht an gleicher Stelle, an der sich bereits früher das Gasthaus Bockshaut mit Gerberei befand, das Elternhaus von **Georg Gottfried Gervinus**. Eine Gedenktafel am Gebäude erinnert an den Historiographen. Das Haus ist 1580 erst erbaut und heute das drittälteste öffentliche Gebäude in der Innenstadt nach Schloss und Stadtkirche und somit auch das älteste Restaurant. Gleich daneben erhebt

Stadtkirche

sich die **Stadtkirche.** Der Bau geht auf eine Marienkapelle zurück, die bald nach der Stadtrechtsverleihung zur Stadtkirche erhoben wurde. Von der Kapelle hat sich nur der Unterbau des Turms erhalten. Das Langhaus entstand in der Spätgotik um 1430. Mit der Einführung der Reformation wurde aus der Liebfrauenkirche die Lutherische Stadtkirche. Landgraf Georg I. wählte sie zur Grablege seines Hauses und richtete unter dem Chor die *Fürstengruft* ein. 1631 erhielt der bis dahin dreigeschossige Turm eine Erhöhung und zugleich eine welsche Haube: vier kleine Ecktürme und eine umlaufende Galerie. 1687 kam ein nördlicher und ein südlicher Anbau hinzu, und 1845 wurde das Gotteshaus nach Plänen von Georg Moller noch einmal erweitert. Nach dem 2. Weltkrieg wurde beim Wiederaufbau der Turmabschluss wieder in die Originalform gebracht. Bemerkenswert im Inneren sind die Schlusssteine im spätgotischen Netzgewölbe. Ein 9 m hohes Alabaster-Epitaph (P. Osten, 1587), von Georg I. in Auftrag gegeben, beherrscht den Chorraum. Im Sockel ist zwischen figürlichem und ornamentalem Schmuck eine Widmungstafel angebracht. Darüber, im Zentrum der Gekreuzigte, kniet zu dessen Füßen die Stifterfamilie mit fünf Söhnen und fünf Töchtern. Im Chor befinden sich weitere Wandepitaphe und Gedenktafeln, darunter eine Erinnerungsplakette an Prinzessin Luise von Mecklenburg-Strelitz. Zu Füßen des Stadtkirchenturms liegt ein kleiner, baumbestandener Platz, '**Piazza**' genannt, mit dem *Löwenbrunnen* (Brunnenstock aus dem 16. Jahrhundert, Löwe von Harres, 1835). HIer befindet sich die ZOO Bar mit Restaurant, wo man auch sehr schön draußen unter Bäumen sitzen kann.

Hotel Restaurant 'Bockshaut'
Darmstadts ältestes Restaurant und Hotel

Kirchstraße 7
In der Stadtmitte

Tel. 0 61 51 - 9 96 70

Im Herzen der Stadt gelegen, zwischen Schloss und Stadtkirche, 5 Gehminuten vom Jugendstilbad 10 Minuten von der Mathildenhöhe

Prinzessin Luise von Mecklenburg-Strelitz (1770–1810), später Königin von Preußen, verlebte als Enkelin des hessischen Prinzen Georg Wilhelm einen Teil ihrer Jugend in Darmstadt und wurde 1792 in der Stadtkirche konfirmiert.

ZOO bar und restaurant
an der stadtkirche mitten in darmstadt
06151.4923535 www.zoo-bar.de
mo-do 11-24, fr-sa 11-02

Route 2 – Südliche Innenstadt

Alice-Denkmal – Staatstheater – Georg-Moller-Haus – St. Ludwigskirche – Synagoge – Altes Pädagog – Kapellplatz – Jugendstilbad – Großer Woog – Ostbahnhof

Die Route beginnen wir auf dem Wilhelminen-
platz. Vor uns steht das **Alice-Denkmal** (Ludwig
Habich, 1902), das zu Ehren der Großherzogin
Alice errichtet wurde. Der Obelisk wird von vier
allegorischen Frauengestalten – Freundschaft,
Liebe, Glück, Harmonie – getragen.

Der Platz wird beherrscht von dem klassizisti-
schen Kuppelbau der **St. Ludwigskirche**, die
Georg Moller 1822–27 errichtete. Großherzog
Ludewig I. stellte der katholischen Gemeinde
den Bauplatz. Vorbild der Ludwigskirche war
das römische Pantheon, dessen Proportionen
Moller bei um 1/5 verminderten Gesamtmaßen
übernommen hat. In dem beeindruckenden
Sakralraum im Inneren tragen 28 korinthische
Säulen eine Kuppel von 33 m Durchmesser.
Im Hochchor ist ein Engelmosaik zu sehen (C.
Schrack-Braun, 1960). Im Säulengang befindet
sich das Grabmal von Großherzogin Mathilde,
einer bayrischen Prinzessin, und das des Prinzen Friedrich (gest. 1867), der in Rom zum katholischen Glauben übergetreten war.

Rechts sehen wir auf dem mit Brunnen und
Pavillons gestalteten Georg-Büchner-Platz
die Bronze-Skulptur ‚Grande Disco‘ (Arnoldo
Pomodoro, 1974) und dahinter den mächti-

Alice-Denkmal

Großherzogin Alice (1843–
1878), Tochter der engli-
schen Queen Victoria und
Ehefrau von Großherzog
Ludwig IV., war liberal,
demokratisch und sozial
gesonnen. Sie gründete ein
Krankenhaus, eine Schwes-
ternschaft, einen Frauenver-
ein und eine Schule.

St. Ludwigskirche

Staatstheater Darmstadt
Dreispartenhaus mit Oper,
Schauspiel und Tanztheater
sowie einem umfangreichen
Konzertprogramm.

Kartenvorverkauf:
Mo – Fr 10 – 18 Uhr,
Sa 10 – 13 Uhr

Kartentelefon:
0 61 51 - 28 11 - 600
www.staatstheater-
darmstadt.de

halbNeun Theater
Sandstr. 32

Vorstellungsbeginn
wochentags 20.30 Uhr
So 19.30 Uhr

Tel. 2 33 30
j.keller@halbneuntheater.de

Freie Szene Darmstadt e.V.
Sandstr. 10
Theater für Kinder, Jugend-
liche und Erwachsene.
Tanztheater, Zauberei &
Kleinkunst.
Bürozeiten Mo-Fr 10-13 Uhr
Tel. 2 65 40
www.theatermollerhaus.de

Sparkassen-Filiale
Hügelstr. 22

Staatstheater Darmstadt

gen Komplex des Staatstheaters (Rolf Prange, 1972), das neben dem Großen Haus, dem Kleinen Haus und der Werkstattbühne auch die Kammerspiele als zusätzlichen Aufführungsraum besitzt.

Gleich nebenan in der Sandstraße liegt das **halbNeun Theater**, eines der renommiertesten Kleinkunsttheater Deutschlands.

Unmittelbar neben dem Staatstheater befindet sich das **Georg-Moller-Haus.** Von dem 1818 von Moller für die Freimaurervereinigung errichteten Saalbau (Loge Johannes der Evangelist zur Eintracht) blieb nur der Portikus von den Kriegsbomben verschont und dem 1966 errichteten Tagungsbau vorgeblendet. Heute nutzen Gruppen aktiver Theaterschaffender das Haus als gemeinsame Spielstätte.

Wir gehen weiter in Richtung Osten bis zur Wilhelm-Glässing-Straße. Hier bildet seit 1988 die neue **Synagoge** einen Akzent im Stadtbild. Die fein nuancierende Außenarchitektur von A. Jakoby blüht im Inneren mit den Glasfenstern von B. Clarke farbig auf.

Wir biegen ab in Richtung Norden und erreichen den **Ludwigsplatz**, einen der idyllischen Plätze der Innenstadt. Zentral die reizvolle

Jugendstil-Brunnenanlage von F. Pützer, über der sich das **Bismarck-Denkmal** (L. Habich, 1905) erhebt. Wir gehen durch die Schulstraße und kommen linker Hand bei Nr. 10 zur 1905 gegründeten Kunsthandlung Langheinz. Der Familienbetrieb ist spezialisiert auf Einrahmung und zeitgenössische Kunst, bietet aber auch Kunstkarten und Ansichten von Darmstadt. Am Ende der Schulstraße sehen wir vor uns rechter Hand und zurückliegend das **Ludwig-Georgs-Gymnasium** (Max Taut, 1951), das zu den fünf Meisterbauten (s. Route 8) gehört. Davor die figürlichen Plastiken aus Bronze ‚*Zwei Figuren in Beziehung*' von Bernhard Heiliger (1952).

Wir werfen einen Blick auf den **Einhornbrunnen** (H. Geibel, 1956) mit dem Fabelwesen, das Reinheit und Keuschheit symbolisiert, da das Horn das von der Schlange vergiftete Wasser reinigt. An dieser Stelle wird das Einhorn mit der Medizin in Verbindung gebracht.

Nach Überquerung der Kirchstraße, was am besten durch den Tunnel bewerkstelligt wird, geht es in die Pädagogstraße und wir gelangen zum **Alten Pädagog**, das 1627–29 unter Landgraf Georg II. nach Entwürfen von Jakob Müller von S. Pfannmüller erbaut wurde. Der Renaissancebau war Sitz der ersten Lateinschule der Stadt und bereitete den Nachwuchs auf die Landesuniversität in Gießen vor. Der Treppenturm ist dem Gebäude asymmetrisch vorgelegt und wird von einer schiefergedeckten Haube mit Laterne abgeschlossen. Berühmte Schüler waren unter anderen der Dramatiker Georg Büchner, der Physiker Georg Christoph Lichtenberg, der Mundartdichter Ernst Elias Niebergall und der Dichter Stefan George.

Bismarck-Denkmal
Ludwigsplatz

Kunsthandlung Langheinz
Weitere Informationen
siehe Seite 162.

Haltestelle Schulstraße
Straßenbahn 2, 3, 9

Theater im Paedagog
Pädagogstr. 5
Tel. 6 60 13 06

Atelierhaus
7 Künstlerateliers
Sitz des BBK Landesverbands
Wechselnde Werkstatt- und
Ateliergespräche
Riedeselstr. 15

Route 2 – Südliche Innenstadt

Kapellplatz, Mahnmal

Der Dramatiker Georg Büchner (1813–1837) war Vorläufer des Naturalismus und Expressionismus und Vorkämpfer für eine soziale Revolution.

Georg Christoph Lichtenberg (1742–1799) war Physiker und Philosoph, Satiriker und Aphorist.

Um den Dichter Stefan George (1868–1933) reihte sich die legendäre George-Kreis aus schwärmerisch begeisterten Jünglingen.

Der Darmstädter Mundartdichter Ernst Elias Niebergall (1815–1843) erlangte Berühmtheit durch seine Lokalposse ‚Der Datterich‘. Er verfasste auch das Lustspiel ‚Des Burschen Heimkehr oder der tolle Hund‘.

Wenige Schritte weiter gelangen wir zum **Kapellplatz**. Nachdem im 16. und 17. Jahrhundert die Pest in Darmstadt Hunderte von Menschen hinweg gerafft hatte und der Friedhof rund um die Stadtkirche zu klein geworden war, wurde auf dem Platz, neben der Stadtkapelle, ein neuer Totenhof erschlossen. Ein ‚**Mahnmal**‘ bilden heute die nach der Brandnacht übrig gebliebenen Reste der Kapelle von 1870, zusammen mit dem Skulpturenarrangement von Thomas Duttenhoefer (1995), das aus Anlass des 50. Jahrestages des Kriegsendes hier aufgestellt wurde.

Der Kapellplatz hat noch eine weitere Bedeutung: hier wurde 1836 die heutige **Technische Universität Darmstadt TUD** als Höhere Gewerbeschule gegründet. 1877 erhielt sie den Namen Technische Hochschule und zugleich eine Verfassung, die das Abitur als Voraussetzung für das ordentliche Studium festlegte. Im Zuge der Erweiterung entstand 1893–95 weiter nördlich an der neuen Hochschulstraße das Hauptgebäude. 1997 wurde die Technische Hochschule in Technische Universität Darmstadt umbenannt. 2005–07 entstand im Stadtzentrum gegenüber vom Schloss das **Darmstadtium** (Talik Chalabi + Paul Schröder), ein Gebäudezentrum mit Kongresssaal, Konferenzräumen und Restaurants. Geschickt haben die Architekten hier den Höhenunterschied über dem Rheintalgraben von 8 m Gefälle überbaut und zugleich in der Eingangshalle einen Teil der alten Stadtmauer aus dem 14. Jahrhundert integriert. Außergewöhnlich ist die polygonale Form des Gebäudes, was die Jury mit einem ‚Stakkato der spannungsvollen Räume‘ bezeichnete.

Wir steigen gegenüber des Alten Pädagogs die Treppe hinunter und kommen zur ehemaligen ,Insel', wo der **Niebergall-Brunnen** (W. Habicht, 1930) die Erinnerung an die biedermeierliche Altstadt wach hält. Auf dem Platz befindet sich auch das Denkmal ,*Gegen das Vergessen*' der NS-Verbrechen an Sinti und Roma (Bernhard&Meyer, 1998), die Freiplastik aus Bronze ,*Der große Tanzschritt*' (G. Manzu, 1965) und die Bronze-Plastik ,*Buchhändler*' (M. Schwarze, 1983).

Wir gehen am *Justus-Liebig-Haus* (Sitz der Volkshochschule, der Stadtbibliothek mit Erweiterungsbau), dem frühen Typus eines ,Bürgerhauses', vorbei und finden etwas versteckt dahinter den **Datterich-Brunnen** (Bonifatius Stirnberg, 1982) mit beweglichen Figuren, die auf dem runden Brunnenrand ganze Szenen aus der Mundartkomödie von Ernst Elias Niebergall (1815–43) darstellen.

Wir kommen zu einem der wenigen Zeugnisse des mittelalterlichen Darmstadt, das den Krieg

darmstadtium
Wissenschaft, Kongresse,
Veranstaltungen

Tel. 78 06-134
www.darmstadtium.de

Abfahrt ,Feuriger Elias'
Haltestelle Kongresszentrum
Weitere Informationen
siehe Seite 31

Parkhaus Justus-Liebig-
Garage, Holzstraße
Weitere Informationen siehe
rückwärtige Umschlagklappe

Kongresszentrum darmstadtium

Hinkelsturm

Stadtbibliothek
im Justus-Liebig-Haus

Die Stadtbibliothek bietet ein breites Medienangebot zur Information, Bildung und Freizeitgestaltung.

Geöffnet
Di 9 – 19 Uhr, Mi 10 – 17 Uhr, Do 10 – 19 Uhr, Fr 10 – 17 Uhr, Sa 10 – 16 Uhr

Tel. 13 - 27 59
www.stadtbibliothek.
darmstadt.de

Altstadtmuseum
im Hinkelsturm
mit Altstadtmodell

Geöffnet
Sa + So 14 – 16 Uhr

Tel. 2 42 15

überstanden hat, der Stadtmauer (1330) mit dem **Hinkelsturm** an der Kaplaneigasse. Der Hinkelstein (Hünenstein) gab dem viereckigen Wehrturm, der aus der 1. Hälfte des 15. Jahrhunderts stammt, seinen Namen. Im Turm wurde über drei Stockwerke das Altstadtmuseum eingerichtet mit einer Dokumentation über das Leben in der ehemaligen Altstadt.

Unser Weg führt uns entlang der Landgraf-Georg-Straße in östlicher Richtung. Wir gelangen zum Mercksplatz und stehen vor dem **Jugendstilbad** (A. Buxbaum, 1907–09). Das Gebäude hatte im Krieg erhebliche Schäden erlitten. Unter der Regie der Denkmalpflege fand eine umfassende Restaurierung und ein Umbau statt, sodass sich heute im neuen, alten Bad Technologie und Komfort mit dem wunderschönen Flair der Jugendstilzeit verbinden. Auf dem mit Stuck und Malerei verzierten Balkon, der das gesamte ehemalige ‚Herrenbad' umgibt,

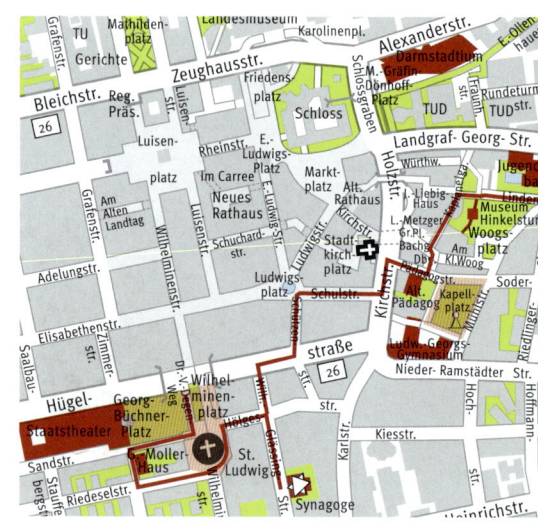

Jugendstilbad

Blauer Salon im Jugendstilbad

hat man einen herrlichen Blick über die Badelandschaft.

Rechter Hand liegt das **Alte Finanzamt** (P. Meißner, 1908). Die Reliefs am Eingang entwarf 1936 der Künstler Fritz Schwarzbeck.

Wir folgen nach rechts der Landgraf-Georg-Straße und kommen zum zum **Großen Woog**, den Georg I. gleich nach seiner Amtsübernahme 1567 anlegen ließ und der damals als

Jugendstilbad
Mercksplatz 1
Geöffnet
Mo–So 10–22 Uhr
Tel. 9 51 56 · 0
www.jugendstilbad.de

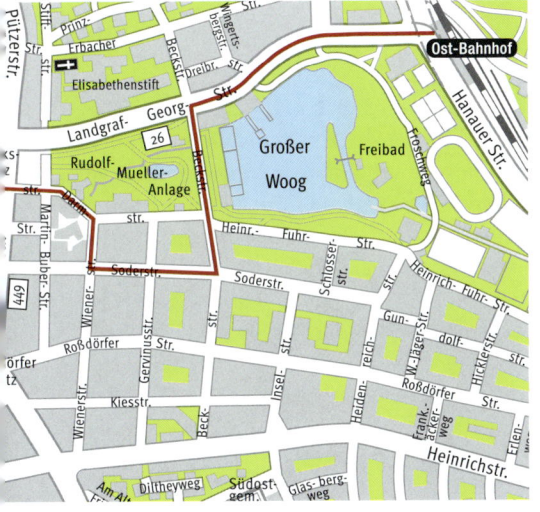

Freibad Großer Woog

Heinerfest

1. Juli-Wochenende
In der Stadtmitte

Tel. 29 66 88

Weitere Informationen
siehe Seite 159.

Wasserreservoir und Fischgewässer diente. Er wird vom *Darmbach* gespeist, der von hier aus unterirdisch die Stadt durchfließt und erst im Westwald wieder nach oben kommt. Seit über hundert Jahren wird der Große Woog als Freibad genutzt. Es bekam offiziellen Rang, als 1926–27 ein Damenbad (A. Buxbaum) eingerichtet wurde. Johann Wolfgang Goethe, der häufig nach Darmstadt kam (s. Route 3), nutzte 100 Jahre zuvor eines späten Abends, gemeinsam mit den Brüdern Stollberg, das Gewässer, um nackt zu baden. Die Darmstädter empfanden das als skandalös und Goethe musste überstürzt abreisen.

Die *Jugendherberge* errichtete Peter Grund im Jahr 1938. Und auf der gegenüberliegenden Seite der Landgraf-Georg-Straße sehen wir das Krankenhaus AGAPLESION Elisabethenstift. Die Liegenschaft umfasst sehr unterschiedliche Gesundheits- und Pflegeeinrichtungen aus verschiedenen Epochen. Ein Teil des Hauptbettenhauses stammt aus dem Jahr 1929, an-

Im Winter 1950 wurde die wagemutige Idee geboren, im Trümmerfeld mitten in der Stadt ein Heimatfest zu veranstalten. Seitdem feiern die Darmstädter immer am ersten Wochenende im Juli, im Herzen der Stadt „ihr" Heinerfest. Während der fünf tollen Tage herrscht fröhlicher Ausnahmezustand. Dann muss der Verkehr den Besuchern weichen, und die historischen Gebäude konkurrieren mit rasanten Hightech-Fahrgeschäften. Alle Plätze inmitten der Stadt verwandeln sich in Live-Bühnen, die Schlossbastion wird zum Weindorf und der Stadtpark ,Herrngarten' zum romantisch illuminierten Lustgarten mit allabendlichen Serenadenkonzerten.

Sabine Welsch

Feuriger Elias, die einzige Dampfstraßenbahn in Deutschland

Stiftskirche am AGAPLESION
Das ‚Medizinfenster'des
Glasmalers Johannes Schrei-
ter lädt zur Meditation ein.
Stiftstraße, Ecke Erbacher
Straße; Zugang zur Kirche
über den Neubau der
Seniorenpflege/-residenz.

Parkhaus Stiftstraße

Weitere Informationen siehe
rückwärtige Umschlagklappe

Haltestelle Ostbahnhof
Bus RB 65
sowie diverse Regionalbusse

dere Gebäude wurden Ende des 19. Jahrhunderts errichtet. Von dort aus sind es nur wenige
Schritte zur neugotischen Stiftskirche von 1893.
Am östlichen Stadtrand liegt der **Ostbahnhof**,
der 1869 erbaut wurde und als Station ‚Rosenhöhe' zur Hessischen Ludwigsbahn gehörte,
die den Odenwald mit dem östlichen Umland
verband. Typisch für den Stil der Zeit ist die
vertikale Holzverkleidung im oberen Stockwerk des teilweise in Fachwerk konstruierten
Bauwerks.

Feuriger Elias: Mit Dampf durch die Stadt
1886 gab es erstmals ein kleines Straßenbahnnetz in Darmstadt. Eine
schmalspurige Dampflokomotive fuhr damals mit vier bis fünf Per-
sonenwagen von der Residenzstadt zum damaligen Truppenübungs-
platz in Griesheim und zum beliebten Ausflugsziel nach Eberstadt,
bis sie im Jahr 1922 aus dem Stadtbild verschwand.
Zwei Fahrtenangebote können heute im ‚Feurigen Elias' genossen
werden. Im Frühsommer geht's von Eberstadt nach Alsbach. Im Spät-
sommer führt die Fahrt vom Darmstadtium nach Griesheim.
Die Fahrt dauert jeweils 25 Minuten. Tel. 709 41 15, 0172 692 39 91
www.historische-heag-fahrzeuge.de, www.heagmobilo.de

Silke Rautenberg

Route 3 – Nördliche Innenstadt

Altes Landestheater/Staatsarchiv – Landesmuseum – Herrngarten –
Prinz-Georg-Garten – Prinz-Georg-Schlösschen – Elisabethenkirche –
Martinsviertel

Wir beginnen die Route am Karolinenplatz und stehen vor dem **Haus der Geschichte** (G. Moller, 1817). Das ehemalige Hoftheater wurde auf Wunsch von Großherzog Ludewig I. ausgesprochen einfach und mit Ausnahme des Portikus fast schmucklos geplant. Das 1918 in Landestheater umbenannte Haus errang in den folgenden Jahren den Ruf einer Bühne der deutschen Avantgarde. Nach einer umfassenden Restaurierung in den 1990er Jahren sind heute hier das *Stadtarchiv* und das *Hessische Staatsarchiv* untergebracht.

Links davon erhebt sich der imposante Bau des **Hessischen Landesmuseums**. Das Museum zählt zu den großen Häusern Deutschlands und vereinigt zahlreiche unterschiedliche Sammlungen aus den Bereichen Kunst-, Kultur- und Naturgeschichte. Eine solche Breite an Aus-

Das Stadtarchiv wurde 1929 gegründet und sammelt und bewahrt Unterlagen zur Geschichte und Gegenwart Darmstadts und seiner Stadtteile vom ausgehenden 15. Jahrhundert bis heute.

Geöffnet
Di–Do 9–13 und 14–16 Uhr
Fr 9–13 Uhr

Tel. 16 50 12
engels@haus-der-geschichte.com

Hessisches Staatsarchiv Darmstadt
Karolinenplatz 3

Geöffnet
Mo 9–19.30 Uhr
Di–Do 9–17.30 Uhr
Fr 9–15 Uhr

Führungen monatlich jeden 1. Montag 18 Uhr und auf Anfrage

Tel. 16 59 00
www.stad.hessen.de

Galerie Netuschil

Schleiermacherstraße 8

Weitere Informationen siehe Seite 157.

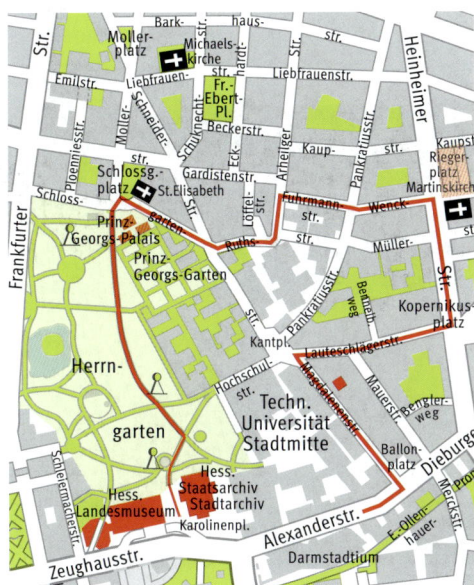

Bronzelöwe

stellungsbereichen verleiht dem HLMD einen besonderen Charakter unter den bedeutenden Museen Europas.

Seine Ursprünge gehen zurück auf das ausgehende 18. Jahrhundert. Am Ende des 19. Jahrhunderts beauftragte Großherzog Ernst-Ludwig den Architekten Alfred Messel (1853–1909) mit der Realisierung eines Museumsneubaus für die wertvolle Sammlung. Messels größte Herausforderung bestand darin, diese Vielfalt unter einem Dach zusammenzufassen und sinnvoll zu gliedern. Mit dem 1906 vollendeten Bau ist es ihm gelungen, jeder Sammlung eine spezifische architektonische Fassung mit stilistisch zu den Objekten passenden Details und optimalen Ausstellungsmöglichkeiten zu geben. Äußerlich hat er den viergliedrigen Baukörper mit Berücksichtigung des Darmstädter Stadtbildes konzipiert. So sind die kupfernen Fackelvasen auf den Eckrisaliten des Museums der Baudekoration des südlichen Mittelrisalits

Max Liebermann, Schweinemarkt in Harlem, 1894

Vor dem Landesmuseum

Landesmuseum vom Herrngarten

des gegenüber liegenden Schlosses nachempfunden. Auch der Obelisk auf dem Mittelrisalit des Museums ist ein architektonisches Stilmittel, das sich häufig in Darmstadt wieder findet, beispielsweise auf dem Weißen Turm oder dem Rathaus. Das Museum wurde bei seiner Fertigstellung als Gesamtkunstwerk gefeiert.

Im Laufe des hundertjährigen Bestehens sind die Zeichen der jeweiligen Mode und Zeit sowie die Zerstörungen des Krieges nicht spurlos an dem schlossartigen Bau vorüber gegangen. 2007 leitete das Land Hessen daher eine grundlegende Sanierung ein, um das Landesmuseum einerseits auf den neusten technischen Stand zu bringen, und andererseits die wertvollen Sammlungen in dem eigens für sie entworfenen originalen Umfeld zu präsentieren.

In dem vollständig sanierten Messelbau erwarten die Besucher Schätze von unterschiedlichster Art: Im umfangreichen Bestand der Graphischen Sammlung befinden sich Blätter von Albrecht Dürer, Michelangelo und Rembrandt van Rijn. Die Sammlung mittelalterlicher Schatzkunst und Elfenbeinarbeiten zählt zu den kostbarsten ihrer Art. Auch die Jugendstilabteilung mit ihrer Schmucksammlung oder Raum-

Hessisches Landesmuseum Darmstadt

Friedensplatz 1

Wiedereröffnung Frühling 2014

Geöffnet
Di, Do, Fr 10 – 18 Uhr,
Mi 10 – 20 Uhr,
Sa, So und an Feiertagen
11 – 17 Uhr

Telefon 16 57 03

www.hlmd.de

Georges Fouquet, Paris
Fuchsienbrosche, um 1902

ensembles von Henry van de Velde ist weltweit bekannt. Zu den international bedeutenden Beständen gehört weiter der sieben Räume und 290 Werke umfassende größte Werkkomplex von Joseph Beuys, der ‚Block Beuys'.

2013 wurde die kulturhistorische Sammlung des Wella Museums bestehend aus ca. 3000 Exponaten rund um das Thema Schönheit als Schenkung nahezu komplett an das Hessische Landesmuseum übergeben. Nach der Wiedereröffnung 2014 werden ausgewählte Exponate in die Dauerausstellungen der Archäologie, des Mittelalters, des Kunsthandwerks und der Graphischen Sammlung integriert.

Von großer wissenschaftlicher Bedeutung sind zahlreiche Objekte der naturhistorischen Sammlungen. Weltberühmt sind die architektonisch in das Haus integrierten zoologischen Dioramen von 1906. Die geologisch-paläontologische Abteilung beeindruckt mit zahlreichen Fossilien aus der UNESCO-Weltnaturerbestätte Grube Messel und der sensationellen Rekonstruktion von zehn Hominidenbüsten.

Der 1984 vom Architekten Reinhold Kargel entworfene Anbau beheimatet die erstklassige Gemäldegalerie. Von Pieter Brueghel und

‚Haus der Geschichte'

Im Herrngarten

Peter Paul Rubens über Arnold Böcklin, August Macke und Max Liebermann umfasst sie 440 ausgestellte Werke. Einige Objekte sind erstmals oder nach vielen Jahrzehnten wieder zu sehen.

Zwischen dem Haus der Geschichte und dem Landesmuseum liegt der Eingang zum **Herrngarten**, dem größten und ältesten Park der Innenstadt. Landgräfin Karoline ließ den teilweise verkommenen Küchengarten 1766 zu einem englischen Park umwandeln. Wenige Schritte neben dem Eingang hinter dem *Haus der Geschichte* finden wir das Grab der Großen Landgräfin. Eine schlichte Urne mit der Inschrift ‚Femina sexu, ingenio vir' (Von Geschlecht eine Frau, an Geist ein Mann), gestiftet von Friedrich dem Großen, kennzeichnet das Grab, das Landgräfin Karoline angeblich noch zu ihren Lebzeiten als unterirdischen Raum hatte anlegen lassen und den sie zu gelegentlichen Mußestunden besuchte.

Zur linken Seite des Eingangs befindet sich der **Gedenkstein für Prinzessin Elisabeth** (1895–1903), Tochter von Großherzog Ernst Ludwig und seiner Frau Viktoria Melita. Zu sehen ist

Veteranendenkmal

Goethe-Denkmal

Johann Wolfgang Goethe (1749–1832) unternahm bei seinen Besuchen in Darmstadt mit dem Freundes-,Kreis der Empfindsamen' Spaziergänge zum Herrgottsberg und Bootsfahrten auf dem Wassergraben um den Gehaborner Hof.

ein Medaillenbild sowie ein Relief des von sieben Zwergen bewachten Schneewittchens im gläsernen Sarg (L. Habich, 1905).

Von dort aus in nördlicher Richtung gelangen wir zum **Goethe-Denkmal** (L. Habich, 1903). Es zeigt den einen Genius darstellenden Jüngling und erinnert an den jungen Dichter, der sich häufig in Darmstadt aufhielt und zum ,Kreis der Empfindsamen' um Landgräfin Karoline gehörte. Auf dem Postament befinden sich die Reliefs von Johann Heinrich Merck, Caroline Flachsland und Johann Wolfgang von Goethe.

Im westlich gelegenen Musikpavillon werden während der Sommerzeit musikalische Veranstaltungen geboten. Und gleich darauf kommen wir am Herrngartenteich mit mehrstrahliger Fontäne vorbei. Nördlich davon steht das in Neugotik für die in den Feldzügen zwischen 1792–1815 gefallenen Hessen geschaffene **Veteranendenkmal** (J. B. Scholl, 1852), im Volksmund ,Riwwelmatthes' genannt. Eine der Vermutungen für den Spitznamen sagt aus, die Figur habe Ähnlichkeit mit einem Bäcker Matthias, der für seinen guten Streuselkuchen (Riwwelkuche) bekannt war. Am Nordrand erhebt sich der *Herrngartenberg*, der in den 1820er

Jahren aus dem Erdaushub der Mollerstadt entstand.

Innerhalb des Parks entdecken wir den Eingang zu einer stimmungsvollen Rokokoanlage, dem **Prinz-Georg-Garten**, benannt nach dem Lieblingssohn Landgraf Ludwigs VIII. Der Landgraf selbst entwarf die geometrische Grundform mit Haupt-, Quer- und Diagonalachsen, deren Schnittpunkte Fontänen und vergoldete Sonnenuhren markieren. Am

Im Prinz-Georg-Garten

Nordrand schließt sich ein kleines Naturtheater (J. H. Hill, 1779) mit geschnittenen Hecken und einem Rundtempel an. Noch vorhanden ist das Teehäuschen mit dem weißen Gitterwerk als Begrenzung des Zuschauerraums. Am Ostrand befindet sich das **Prettlacksche Gartenhaus** (erbaut 1710 und benannt nach dem Kavalleriegeneral J. R. Prettlack), das aus drei durch Gewächshäuser verbundenen Pavillons besteht und über eine Freitreppe zu erreichen ist.

Prettlacksches Gartenhaus im Prinz-Georg-Garten

Im Prinz-Georg-Garten

‚Entdeckter Liebhaber'

Landgraf Ernst Ludwig ließ um 1710 vermutlich von Remy de la Fosse das **Prinz-Georg-Palais** erbauen. Seit 1908 ist das Palais Sitz der Großherzoglich-Hessischen Porzellansammlung und wird daher im Volksmund Porzellanschlösschen genannt. Mit der Einrichtung des Porzellanmuseums machte Großherzog Ernst Ludwig von Hessen und bei Rhein den über Jahrhun-

Großherzoglich-Hessische Porzellansammlung

Schlossgartenstraße 10

Geöffnet
Fr – So 10 – 17 Uhr
Vom 1. Nov. bis 31. März
geschlossen

Tel. 71 32 33

www.porzellanmuseum-darmstadt.de

Prinz-Georg-Palais

Ägyptisierendes Déjeuner

St. Elisabeth

derte gewachsenen Besitz der fürstlichen Familie der Öffentlichkeit zugänglich. Einen Schwerpunkt bilden die keramischen Erzeugnisse der hofeigenen Manufaktur Kelsterbach sowie der in der Region gelegenen Manufakturen Höchst und Frankenthal. Mit Meißen, Nymphenburg, Sèvres, Wien und St. Petersburg sind weitere bedeutende Manufakturen vertreten. So gewährt die Sammlung mit über 4000 Objekten aus Fayence, Steingut und Porzellan einen Überblick über die künstlerische Entwicklung der europäischen Keramik von ihren Anfängen bis zum ausgehenden 19. Jahrhundert.

Gleich gegenüber liegt die in neo-gotischen Formen errichtete **St. Elisabethkirche** (L. Bekker, 1903–05). Ihr Turm ist mit 75 m das höchste Bauwerk der Stadt. Im Inneren zeigt das Elisabethfenster (B. Müller-Linow, 1978) eine moderne Interpretation der Legende der Heiligen.

Hier kreuzt die Ploenniesstraße die Pallaswiesenstraße und hier beginnt das **Martinsviertel,** eine ehemals bäuerliche Ansiedlung vor den Toren der Residenz, daher mundartlich auch ‚Watzeviertel' (nach dem Watz = Eber des Hausschweins) genannt. Zentrum des Viertels ist der Riegerplatz (der Germanist M. Rieger stiftete

HoffART Theater
Für Kinder, Jugendliche und Erwachsene
Lauteschlägerstr. 28
Tel. 4 92 30 14

Die Straße wurde benannt nach dem Waffentechniker und Schriftsteller **Wilhelm von Ploennies** (1828–71). Nicht vergessen sollte man hier aber seine Mutter, die Dichterin Luise von Ploennies (1803–72).

Sparkassen-Filiale
Heinheimer Str. 73–75

41

Magadelenenstraße

Das Achteckige Haus in der Mauerstraße

die Martinskirche). Die Bebauung um den Platz stammt vom Beginn des 20. Jahrhunderts. Einige Jahre älter, im Stil der Gründerjahre, sind die Häuser in der Wenckstraße. In der Liebfrauenstraße findet man originale Fassaden mit Anklängen von Jugendstil und Neugotik.

Wir folgen vom Kopernikusplatz aus der Lauteschlägerstraße und entdecken in der Mauerstraße bei Nr. 17 das 1627 vermutlich von J. Müller errichtete **Achteckige Haus**. Es erhebt sich über einem quadratischen Keller mit Mittelsäule zweigeschossig bis unter ein spitzes Zeltdach. Dem ehemaligen Gartenhaus ist ein Treppenturm vorgebaut. Bemerkenswert sind auch die abwechselnd mit Bögen und Giebel versehenen Fenster. Heute befinden sich in den oberen Stockwerken die Räume des *Konzertchors Darmstadt* und im Keller trifft sich der *Jazzclub Darmstadt*.

Weiter die Lauteschlägerstraße entlang, biegen wir links in die Magdalenenstraße ein und sehen auf der rechten Seite das Maschinenhaus der TU, (G. Wickop, 1904), dessen Bauschmuck dem Jugendstil zuzuordnen ist. Nach einem Großbrand zerstört und außer Betrieb genommen, erfolgte 2011 ein Umbau und

Haltestelle Alexanderstr. / TU
Bus F, H

es entstanden Seminarräume und ein Hörsaal. Wir biegen nach rechts in den Innenhof ein und stehen vor der Universitäts- und Landesbibliothek ULB. Das 2012 eröffnete Bibliotheksgebäude hat ein zentrales Atrium und gibt durch die Öffnung nach oben bis zur eindrucksvoll gestalteten Stahl-Oberlichtkonstruktion einen Blick in den lichtdurchfluteten Mittelpunkt frei. Die Route endet in der Alexanderstraße, wo noch einige barocke Bauten mit reich geschmückten Volutengiebeln der **Alten Vorstadt** (J. Wustmann, M. Kersten, S. Pfannmüller, 1593) zu sehen sind. Erbaut wurden die Häuser für höfische Beamten. Nachdem Georg I. seine Residenz nach Darmstadt verlegt hatte, musste für den umfangreichen Verwaltungsapparat eine Unterbringung geschaffen werden.

In der Magdalenenstraße befinden sich weitere Bauten der Alten Vorstadt und gegenüber Institutsgebäude der Technischen Universität Darmstadt (s. Route 2).

Universitäts- und Landesbibliothek

Magdalenenstr. 8

Geöffnet täglich 24 Stunden

Tel. 1 67 62 11

www.ulb.tu-darmstadt.de

Universitäts- und Landesbibliothek

Route 4 – Vom Johannesviertel bis zum Mathildenplatz

Johannesviertel – Johanneskirche – Städtische Kliniken – Liberale Synagoge

Das Johannesviertel entstand Ende des 19. Jahrhunderts, wurde von der ‚Terrain- und Baugesellschaft' des Industriellen Blumenthal erschlossen und mit allen Stilmerkmalen des Späthistorismus hochgezogen.

Wir beginnen den Rundgang vom Johannesplatz aus vor dem neugotischen Bau der **Johanneskirche** (Schmidt + Schwarze, 1893). Nördlich der Kirche sehen wir einen größeren, neobarocken Wohnblock, den sog. **Louvre**. In der Alicestraße, Viktoriastraße und auch am Viktoriaplatz finden sich phantasievolle, üppig dekorierte Gründerzeitfassaden. Durch die Wilhelm-Leuschner-Straße – rechter Hand eine herrschaftliche Villa in spätklassizistischen Stil – gelangen wir zur Schulinsel mit Schulgebäuden im Stil des Traditionalismus (A. Buxbaum, nach 1900).

Viktoriastraße

Haltestelle Kahlertstraße
Bus L

Sparkassen-Filiale
Liebigstr. 16

Johanneskirche

Frauenklinik

Die Frauenärztin Charlotte Heidenreich von Siebold (1788–1859) promovierte als zweite deutsche Ärztin und war als ausgezeichnete Geburtshelferin bekannt.

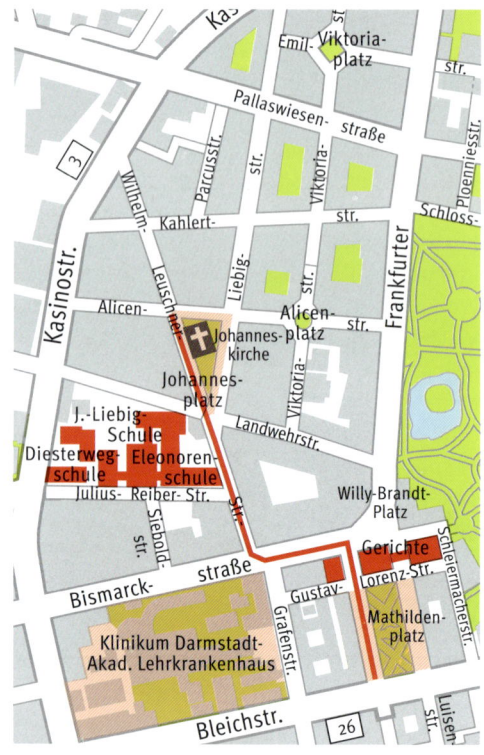

Zwischen Bismarckstraße und Grafenstraße liegen die Städtischen Kliniken. Die 1952–54 von Otto Bartning und Otto Dörsbach gestaltete **Frauenklinik** gehört zu den *Darmstädter Meisterbauten* (s. Route 8). Es war Ziel der Planung, mit dem Gebäude die bereits auf dem Grundstück vorhandenen Bauten ordnend zusammen zu fassen. Die Konzeption mit dem gebogenen Baukörper wurde allerdings nur zum Teil ausgeführt. Seine Gestalt gewinnt der Meisterbau durch die Hervorhebung unterschiedlicher Zimmertiefen, den starken Akzent des Treppenhauses und die feingliedrige Fassadenteilung. Im

Foyer befindet sich ein wandgroßes Terrakotta-Relief von Will Sohl (1954), von dem auch die Wandbemalung in der Matthäuskirche in der Heimstättensiedlung stammt.

Unweit des ehemaligen Stadtkrankenhauses wurde 1876 die **Liberale Synagoge** errichtet. In der Reichspogromnacht vom 9. auf den 10. November 1938 setzten SA und SS die Synagoge in Brand. Beim Aushub für einen Neubau auf dem heutigen Klinikgelände wurden 2003 Fundamente und Kellerreste der Synagoge freigelegt und später aufwendig konserviert. Im November wurden zwei Gedenktafeln zu Ehren des Rabbiners Landsberger aufgestellt: ein Relief des Bildhauers Gerhard Roese und

LIberale Synagoge

Erinnerungsort Liberale Synagoge
Sie galt als Zierde unserer Stadt und überragte die Dächer Darmstadts: Die Liberale Synagoge an der Friedrichstraße/Fuchsstraße. Eingeweiht wurde dieses eindrucksvolle Jüdische Gotteshaus im historischen Stil und mit vier markanten Ecktürmen am 23. Februar 1876 durch den Rabbiner und Orientalisten Dr. Julius Landsberger (1819–1890). Die Liberale Synagoge fiel dem Novemberpogrom 1938 zum Opfer. Die Wiederentdeckung der Überreste geschah im Oktober 2003: Bei Aushubarbeiten zum Neubau des Klinikums für Innere Medizin fand man die Fragmente und Grundmauern der zerstörten Liberalen Synagoge. Der damalige Oberbürgermeister Peter Benz verhängte einen Baustopp, setzte die Schaffung einer städtischen Gedenkstätte durch, deren Einweihung am 9. November 2009 stattfand. Dort sind heute über den Zugang Bleichstraße ein Garten der Erinnerung (mit der Menora von Helmut Lortz), eine Treppe und der eigentliche, im Innern des Krankenhauses befindliche Gedenkort zu sehen – ein Rundgang gibt den Blick frei auf den Tatort des NS-Verbrechens.

Martin Frenzel

Staatskanzlei

Löwenbrunnen

eine Gedenktafel „Zukunft braucht Erinnerung" mit der Vita des Thora-Gelehrten. An der Ecke Bleichstraße/Grafenstraße befindet sich das jüdische Mahnmal ‚**Klagemauer'** (Chr. Präger, 1983) aus gelbem Sandstein. In die Bodenplatte ist ein Davidstern aus Granit eingelassen.

Der **Mathildenplatz** wurde nach dem Mollerschen Bebauungsplan angelegt. Ursprünglich war der Platz von Bäumen umstanden, er wurde 1908 zu einer Rasenfläche mit Mosaikpflaster gestaltet. Auf dem *Abt-Vogler-Denkmal* (R. Henze, 1890) befindet sich die Bronzebüste des Komponisten und Musiklehrers Abt Georg Vogler, auf dem Sockel sind Reliefs seiner Schüler Giacomo Meyerbeer und Carl Maria von Weber zu sehen. Der *Löwenbrunnen* ist eine Arbeit von Franz Heger und stammt von 1824.

Auf der rechten Seite des Mathildenplatzes sehen wir einen Gebäudekomplex, (Waechter und Waechter, 2010) der zwei Nutzer vereint: das Erste Polizeirevier und das Oberlandesgericht. Die Ecken des Blocks mit seinen loggiaähnlichen Rücksprüngen sind durch zu voller Höhe aufsteigende Quader betont. Der Komplex geht über in die Kolonnaden des Justizzentrums (Ernst Udo Nieper, 2009).

An der südlichen Platzseite steht das **Neue Kanzleigebäude** (G. Moller, 1825) mit Rundbogenfenstern im Erdgeschoss. Das Portal führt in eine Vorhalle mit korinthischen Säulen und Kreuzgewölbe (s. Route 1).

Das **Alte Gerichtsgebäude** an der nördlichen Platzseite, heute das Landgericht, entstand 1874. Der dreigeschossige, spätklassizistische Baukörper erhält durch die angedeuteten Eckrisalite zusätzliche Betonung.

Verbunden ist das Gebäude durch eine Brückenüberbauung mit dem **Amtsgericht** (K. Hofmann und W. Thaler, 1903−05). Durch den Eingang mit Pilastern und einer Verdachung gelangt man in den mit Glas überdeckten Innenhof, der die dreigeschossige Eingangshalle bildet, und von der aus die Räume in den oberen Geschossen mit umlaufenden Rundbogen-Arkaden erschlossen werden. In die südliche Arkadenwand eingeschlossen ist ein marmorner Wandbrunnen.

Haltestelle Willy-Brandt-Platz
Straßenbahn 3, 6, 7/8,
Bus K

Hörtour
Mit der Straßenbahn Linie 3
vom Hauptbahnhof zur
Lichtenbergschule

unter
Tel. 0 89 - 210 833 7101-01

Mathildenplatz mit Altem Gerichtsgebäude

Route 5 – Mathildenhöhe

Hochzeitsturm – Ausstellungsgebäude – Platanenhain – Russische Kapelle –
Schwanentempel – Künstlerhäuser – Ernst-Ludwig-Haus

Wir beginnen den Weg zur Mathildenhöhe gegenüber vom Schloss, lassen das Kongresszentrum ‚*Darmstadtium*' links liegen und wandern entlang der Erich-Ollenhauer-Promenade. Zunächst stehen wir gleich hinter dem Darmstadtium auf einem kleinen Platz, der teilweise von der alten Stadtmauer aus dem 14. Jahrhundert begrenzt wird und von Bänken umstanden ist. Hier steht die Bronzefigur ‚Adam' (R. Heß, 1973). Wir wandern leicht hügelan, vorbei an den Instituts-Gebäuden der Technischen Universität, sehen links die Bronzeplastik ‚Mädchenfigur' (G. v. Kovats, 1946) und stehen bald darauf rechts vor der Freiplastik aus Eisen ‚Mahnmal für die Opfer der Gewaltherrschaft' (Th. Duttenhoefer, 1989).

Nach Überquerung der Pützerstraße liegt rechter Hand das **Ledigenheim** (E. Neufert, 1952–55), das in erster Linie für Alleinstehende und junge Ehepaare gedacht war. Das Gebäude gehört zu den fünf realisierten Meisterbauten und besticht durch die lebhafte Struktur der mit dunklen Hartbrandsteinen verblendeten

Haltestelle Schloß
Straßenbahn 2, 3, 4, 5, 6, 7, 8, 9
Bus F, H, K, L

Hörtour
Spaziergang über die
Mathildenhöhe

Hörbeiträge unter
Tel. 0 89 - 210 833 7001- 04

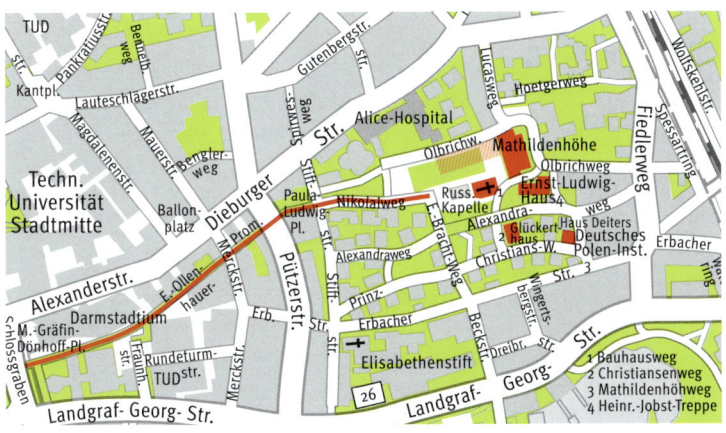

Sonnenuhr Hochzeitsturm

Hochzeitsturm

Außenwände. Der helle Sichtbeton der Balkone bietet einen wirkungsvollen Kontrast.

Neben den beiden *Sandsteinbrunnen* (J. M. Olbrich, 1905) steht die anmutige weibliche Figur aus Muschelkalk ,*Badende*' (B. Hoetger, 1911–12) auf dem Paula-Ludwig-Platz am Fuß des ehemaligen Weinbergs. Wir erreichen eine Grünfläche, auf der sich die Freiplastik aus eloxiertem Aluminium ,Die fortwährende Wiederkehr' (H. Mack, 1970) erhebt und wo unterhalb der Platanenhainmauer das Erinnerungsmal für Karl Wolfskehl ,Gefesselter II' (Waldemar Grzimek, 1960) steht. Hier war Anfang des 19. Jahrhunderts ein Landschaftspark entstanden, den Großherzog Ludwig III. für seine Gemahlin Mathilde hatte anlegen lassen. Ende des 19. Jahrhunderts erhielt der Park eine neue Bedeutung, die sich als Glücksfall für Darmstadt erweisen sollte. Zu dieser Zeit regierte Großherzog Ernst-Ludwig, ein überaus kunstinteressierter Enkel von Queen Victoria, der sich vorgenommen hatte, der sich zu dieser Zeit in Europa entwickelnden modernen Kunst einen Ort zu geben, um sich zu präsentieren. Er fand die Mathildenhöhe geeignet, berief 1899 sieben Künstler nach Darmstadt – Peter Behrens,

Rudolf Bosselt, Paul Bürck, Hans Christiansen, Ludwig Habich, Patriz Huber, Joseph Maria Olbrich – und beauftragte sie, eine Künstlerkolonie zu errichten. In den nun folgenden Jahren entstanden Wohnhäuser, ein Atelier, Ausstellungshallen, der Hochzeitsturm und einige temporäre ausstellungsrelevante Gebäude. Die erste Ausstellung ‚Ein Dokument Deutscher Kunst' fand 1901 statt und lockte viele Besucher nach Darmstadt. Es folgten drei weitere Ausstellungen 1904, 1908 und 1914. Der Ausbruch des 1. Weltkriegs setzte dem so hoffnungsvoll begonnenen Unterfangen ein Ende. Die Wohnhäuser gingen in Privatbesitz über, das Ateliergebäude wurde an Institutionen vermietet. Die Ausstellungshallen nutzte die Künstlervereinigung *Darmstädter Sezession* in den folgenden Jahrzehnten für Ausstellungen von internationalem Niveau. Man veranstaltete dort auch Bürgerfeste. In den 1960er Jahren begann man mit einer Renovierung der ehemaligen Künstler-

Mosaik in der Eingangshalle Hochzeitsturm, ‚Der Kuss', F. W. Kleuken

Route 5 – Mathildenhöhe

Joseph Maria Olbrich (1867 – 1908) arbeitete nach seiner Ausbildung an der Staatsgewerbeschule in Wien, zunächst als Architekt und Bauleiter und übersiedelte 1899 nach Darmstadt, wohin Großherzog Ernst Ludwig ihn gerufen hatte, um auf der Mathildenhöhe die Bauleitung für die geplante Künstlerkolonie zu übernehmen.

Der Bildhauer Heinrich Jobst (1874 – 1943) wurde 1907 Mitglied der Darmstädter Künstlerkolonie. Er gestaltete zahlreiche Kleinplastiken, Reliefs und plastischen Schmuck für Brunnen und Denkmäler.

Friedrich Wilhelm Kleukens (1878 – 1956) wurde 1906 nach Darmstadt berufen, wo er zunächst Gebrauchsdrucke anfertigte und ab 1907 als Lehrer für Flächenkunst an den Großherzoglichen Lehrateliers für angewandte Kunst tätig war.

‚Der Überfluss‘, F. W. Kleuken

kolonie. Heute ist die Mathildenhöhe wieder ein Ort, an dem Tradition und Moderne sich harmonisch vereinen. Die Künstlerkolonie dokumentiert in einem einzigartigem Ensemble den Jugendstil in der besonderen ‚Darmstädter' Form. Wir beginnen den Rundgang vor dem Eingang zum **Hochzeitsturm**. Er wurde 1907 – 08 errichtet und war ein Geschenk der Darmstädter Bürger zur Vermählung von Großherzog Ernst Ludwig mit Eleonore von Solms-Hohensolms-Lich. Sein Architekt Joseph Maria Olbrich gliederte die Gestaltung in drei Abschnitte: den Sockel mit dem Eingangsportal, den mit dunkelroten Klinkern verputzten Turmkörper und die in Kupferblech ausgeführte fünfzinnige Turmbekrönung. Das Relief über dem Eingangsportal von Bildhauer Heinrich Jobst zeigt neben der Personifikation der vier Herrschertugenden Stärke, Weisheit, Gerechtigkeit und Milde auch die Wappen des Großherzogs und der Großherzogin und eine Widmungsinschrift. An der südlichen Schmalseite befindet sich die Sonnenuhr, 1914 von Friedrich Wilhelm Kleukens entworfen. Verziert ist das in Teilen vergoldete Mosaikfeld mit den zwölf Tierkreiszeichen und kosmischen Motiven. Verse des Dichters Rudolf

Deckenmosaik im Vorhallenbau

Der Architekt **Albin Müller** (1871–1941) begann als Möbelzeichner und Innenarchitekt, war Lehrer für Raumkunst und architektonische Formenlehre an der Kunstgewerbeschule in Magdeburg und wurde 1906 nach Darmstadt gerufen. Zusammen mit Olbrich gestaltete er die Hessische Landesausstellung 1908. Nach dem Tod Olbrichs wurde er der führende Architekt der Künstlerkolonie.

Binding weisen auf die Vergänglichkeit des Lebens hin. An der Nordseite des Turms befindet sich eine in Blattgold gefasste, von Albin Müller 1914 entworfene Turmuhr mit den christlichen Symbolen Glaube, Liebe und Hoffnung.

Die Eingangshalle des Turms schmücken zwei Mosaikbilder von Kleukens (1914). Im Kuss verschmelzen zwei überirdische Wesen zu einem ornamentalen Gefüge in Blau und Gold. Gegenüber erscheint die Glücksgöttin mit Füllhörnern voller Rosen. Auf der Ebene 4 erreichen wir das Zimmer des Großherzogs. Das leuchtend blaue Tonnengewölbe überziehen Ornamentbänder mit stilisierten Eidechsen. Fritz Hegenbart malte 1908 auf die Stirnseiten zwei jugendliche Figuren, die auf einem Fabelwesen reitend zum Sprung über ein Schneckenhaus ansetzen und dabei ihre Füllhörner ausschütten. Auf Ebene 5 befindet sich das Zimmer der Großherzogin, auch Hochzeitszimmer genannt. Es ist mit einer vergoldeten Stuckdecke versehen und mit einer halbhohen Wandvertäfelung aus Rüsterholz ausgestattet. Das darüber angebrachte figurenreiche Hochzeitsfries entwarf der Maler Philipp Otto Schäfer. Von Ebene 6 gelangt man in die oberste Aussichtshalle mit kleinen Balkonen,

Ausstellungsgebäude
mit ständig wechselnden Ausstellungen.

Bei Ausstellungen geöffnet
Di – So 11 – 18, Do 11 – 21 Uhr

Tel. 13-27 78
www.mathildenhoehe.eu

Schwanentempel

Relief von Bernhard Hoetger

Als Bernhard Hoetger 1911 an die Künstlerkolonie berufen wurde, hatte er bereits große Anerkennung als Bildhauer, Architekt, Maler, Grafiker und Entwerfer für Möbel und Gebrauchsgegenstände erworben. Auf der dritten Ausstellung der Künstlerkolonie 1914 war er mit dem Skulpturenschmuck des Platanenhains sowie zahlreichen anderen Plastiken vertreten.

die eine Fernsicht in alle Himmelsrichtungen ermöglichen.

Direkt angebaut an den Turm befindet sich das ebenfalls von Olbrich entworfene **Ausstellungsgebäude.** Turm und Ausstellungshalle stellten einen direkten Bezug zwischen Künstlerkolonie-Areal und der Stadtmitte her. Olbrich gelang es, mit dieser ‚Stadtkrone' die städtebauliche Einbindung der Mathildenhöhe zu vollziehen.

Der Vorhallenbau auf halber Höhe ist von einem Baldachin bedeckt. Als Deckenmosaik ist der Hessische Löwe umgeben von stilisierten Tiermotiven und Ornamentik ausgeführt und mit der großherzoglichen Devise als Inschrift verziert: HABE EHRFURCHT VOR DEM ALTEN – UND MUT DAS NEUE FRISCH ZU WAGEN – BLEIB TREU DER EIGENEN NATUR – UND TREU DEN MENSCHEN DIE DU LIEBST. Das ehemals u-förmig um einen Rosenhof gestaltete Ausstellungsgebäude wurde 1908 für die Hessische Landesausstellung fertiggestellt. 1914 hatte Albin Müller in die Stützmauer der rückwärtigen Ausstellungshalle eine von ihm in leuchtenden Farben entworfene Mosaiknische einfügen lassen. Auf der oberen Brüstung und auf der Terrasse vor dem Ausstellungsgebäude befinden sich von Bernhard Hoetger geschaffene Statuen, die aus dem Schattenreich entnommenen Charaktereigenschaften Wut und Rache, Hass und Geiz verkörpern. Es sind vergrößerte Plastiken aus einer insgesamt 15 Figuren umfassenden Serie Licht- und Schattenseiten, die in kleinerem Format in Majolika ausgeführt waren. Einige dieser Majolika-Plastiken befinden sich im Museum Künstlerkolonie. Anlässlich des 100jährigen Bestehens der Künstlerkolonie (Centenarium) erhielten sieben Künstler den Auftrag, Kunstinstallationen im Außengelände der Mathildenhöhe zu präsentieren. Angekauft zum dauerhaften Verbleib wurde die Figur ‚Zwischen den Zeiten‘ (1999–2001) von Hubertus von der Goltz auf dem Dach des Austellungsgebäudes.

Bacchusrelief

Am Treppenabgang zum Alexandraweg sehen wir den 1914 von Albin Müller entworfenen **Schwanentempel,** der ursprünglich als Musikpavillon gedacht war. Acht Doppelsäulen mit braun glasierten Keramikplatten werden von Schwanen-Reliefs gekrönt. Die weißen Vögel waren ein beliebtes Motiv der Jugendstilkünstler.

Vom Hochzeitsturm aus gelangen wir in den **Platanenhain,** der bereits 1830 angelegt wor-

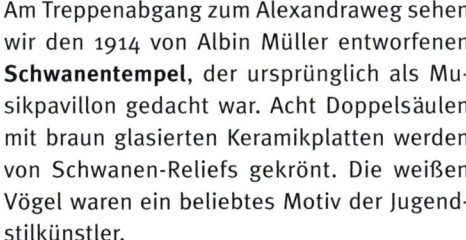

Der Bildhauer **Ludwig Habich** (1872–1949) war 1898 Gründungsmitglied der ‚Freien Vereinigung Darmstädter Künstler‘ und wurde 1899 als einer der ‚ersten Sieben‘ an die Künstlerkolonie berufen. Im Museum sind zahlreiche von ihm entworfene Arbeiten zu sehen: Bronzeplastiken, figürliche Gebrauchsgegenstände, keramische Gefäße, Metallarbeiten und Schmuckstücke.

Der indische Dichter und Philosoph **Rabindranath Tagore** (1861–1941) kam 1921 auf Einladung von Großherzog Ernst Ludwig nach Darmstadt und besuchte die von Hermann Graf Keyserling gegründete ‚Schule der Weisheit‘.

Platanenhain

den war. 1914 stattete der Bildhauer Bernhard Hoetger ihn mit Skulpturen und Reliefs aus und wählte als Thema den immerwährenden Kreislauf des Lebens. Er entwarf vier Reliefwände, denen er die Bezeichnungen Frühling, Sommer, Schlaf und Auferstehung verlieh und deren Inschriften aus der indischen Mystik stammen. Zu Hoetgers Skulpturenprogramm gehören die sieben Statuen der Krugträgerinnen, die Brunnengruppe mit einem Vers aus dem Goethegedicht ‚Wasser', das Grabmal für die Künstlerin Paula Modersohn-Becker, sowie die Schakal- und Löwenvasen. An der Ostseite des Hains befindet sich ein von Olbrich 1904 entworfener, mit Rheinkieseln gestalteter *Brunnen*. Ludwig Habich entwarf das Bacchusrelief. Den Zugang an der Südseite zum Platanenhain flankieren zwei Pfeiler. Auf dem einen befindet sich ein Silberlöwe, auf dem anderen ein Leopard. Eine Inschrift ist ein Pharaonengesang aus dem alten Ägypten, die

Wasserbecken und Russische Kapelle Maria Magdalena

andere dichtete der indische Philosoph Rabin-
tranath Tagore.

Wir stehen am Rand des **Wasserbeckens.** Ursprünglich befand sich hier ein Rosenrondell.
Erst 1914 ließ Albin Müller das Lilienbecken
mit einer Außenmauer und gedrungenen dori-
schen Säulen anlegen, die Lebensbäume sym-
bolisieren. Auf der Brüstung sind die Skulpturen Maria und Joseph (B. Hoetger) aufgestellt.
Zar Nikolaus II., der mit der Schwester von
Großherzog Ernst Ludwig verheiratet war,
ließ die **Russische Kapelle Maria Magdalena**
(1897−99) von dem Petersburger Architekten
Louis Benois erbauen, um auch während seiner Verwandtschaftsbesuche in Darmstadt einen russisch-orthodoxen Gottesdienst feiern
zu können. Die Turmkuppeln sind mit Blattgold
beschichtet und im Inneren ist die Kirche mit
reichem Mosaikschmuck in höchster Qualität
verziert.

Wir gehen weiter zum Alexandraweg und werfen im Eugen-Bracht-Weg einen Blick auf das
1908 von Alfred Messel erbaute Haus, das
heute den Namen *Designhaus Darmstadt* trägt
und in dem Hessen Design e.V., das hessische
Kompetenzzentrum für alle Fragen des Design
residiert.

Am Alexandraweg liegen die **Wohngebäude
der Künstler**. Als einziges, nicht von Olbrich
konzipiertes Wohnhaus, genießt das **Haus
Behrens** mit seiner Randlage an dem parkähnlichen Areal eine Sonderstellung. Peter Behrens
wollte mit seinem Wohnhaus den Eindruck von
Monumentalität und Standfestigkeit erwecken.
Rote Ziegelbänder und grünglasierte Klinker
gliedern die Fassade und münden in einem
Giebelfeld mit gotisierender Kielbogenform.

Haus Behrens

Mit seinem Wohnhaus auf
der Mathildenhöhe versuch-
te sich der Maler, Grafiker
und Entwerfer von Möbeln
und Gebrauchsgerät, **Peter
Behrens** (1868−1940), zum
ersten Mal als Architekt.
Später entwarf er Industrie-
bauten, Repräsentations-
gebäude, Privatvillen und
entwickelte städtebauliche
Entwürfe für Großbauten.

Hessen Design e.V.
Geöffnet Do−So 12−18 Uhr

Tel. 1 59 19 11
www.hessendesign.de

Route 5 – Mathildenhöhe

Brunnen, L. Habich

Die Idee von Behrens ist am Seitengiebel in Worte gefasst:
‚STEH FEST MEIN HAUS IM WELTGEBRAUS'.
Schräg gegenüber das **Gottfried-Schwab-Denkmal** (L. Habich, 1905), ein in Bronze gegossener Dichter-Genius, der die Arme zur Verehrung der Gottheit gen Himmel hebt. Einige Schritte weiter auf der gleichen Straßenseite liegt der *Ernst-Ludwig-Brunnen* (O. Bartning + K. Hartung, 1958),

Gegenüber sehen wir das **Große Haus Glückert,** das 1900–01 nach Plänen von Olbrich entstand und dem Möbelfabrikanten Glückert zu Ausstellungszwecken diente. Die Außenarchitektur prägen drei geschweifte Giebelfronten, florale Malereien und vegetabile Reliefs sind auf der Außenfläche aufgebracht. Bedeutungsvoll wirkt das Eingangsportal im Omegabogen mit der Holztür, die tulpenähnliche Flachschnitzereien zieren. Die Eingangshalle ist zweigeschossig mit großem Steinkamin und geometrischer

Kleines Haus Glückert und Großes Haus Glückert

Haus Olbrich

Rudolf Bosselt gehörte von 1899 bis 1903 der Künstlerkolonie an. Es war Medailleur und Bildhauer und entwarf Schmuck- und Gebrauchsgegenstände in Metall. Seine Medaillen wurden im Pariser ‚Salon' mit einer ‚mention honorable' ausgezeichnet.

Schablonenmalerei ausgestattet. Das **Kleine Haus Glückert** (1900–01) war ursprünglich für Rudolf Bosselt geplant, diente dann aber Glückert als Wohnhaus. Es ist kubusartig angelegt und weist mit einem Tonnendach eine außergewöhnliche Dachlösung auf. Die Schnitzereien am Erker entwarf Rudolf Bosselt.

Die **Villa in den Rosen** von Hans Christiansen stand links der Freitreppe zum Ernst-Ludwig-Haus, wurde aber nach der Kriegszerstörung nicht wieder aufgebaut. Auch das **Haus Habich** (1900–01) war stark zerstört worden und wurde 1951 verändert wieder aufgebaut. Der Kubuscharakter und die Geschossproportionen wurden beibehalten, original sind noch einige Fenstergitter im Souterrain, die Einfriedung mit dem blütenverzierten Gartentor sowie die neben dem Eingang platzierten schmiedeeisernen Kandelaber von Habich.

Das in den 50er Jahren wieder aufgebaute Obergeschoss des gegenüberliegenden **Hauses Olbrich** hatte ehemals einen völlig anderen Formencharakter. Von der ursprünglichen Außenfassade sind lediglich der blau-weiße Kachelfries, das schmiedeeiserne Gartentor, einige Fenstergitter sowie die Begrenzungsmau-

Der Maler, Grafiker, Schriftsteller und Entwerfer für Kunsthandwerk und kunstgewerbliche Gebrauchsgegenstände, Hans Christiansen (1866–1945) hatte bereits 1898 an der ‚Darmstädter Kunst- und Gewerbeausstellung' teilgenommen. Noch im selben Jahr besuchte Großherzog Ernst Ludwig ihn in seinem Atelier in Paris und warb ihn als Mitglied der Künstlerkolonie.

Deutsches Polen Institut
Forschungs-, Informations- und Veranstaltungszentrum für polnische Kultur, Geschichte, Politik, Gesellschaft und für deutsch-polnische Beziehungen.

Geöffnet
Mo – Do 9 – 17, Fr 9 – 13 Uhr

Tel. 42 02 11
www.deutsches-polen-institut.de

Haus Deiters

er mit der Brunnenanlage erhalten geblieben. Den marmornen *Wandbrunnen mit der Figur des trinkenden Jünglings* schuf Ludwig Habich. Seit 1980 ist das Gebäude Sitz des *Deutschen Polen-Instituts,* das 1980 gegründet wurde mit dem Ziel, weite Kreise der Öffentlichkeit für Polen zu interessieren und einen Beitrag für die Erweiterung der Kenntnisse und für die Schaffung eines stabilen deutsch-polnischen Netzwerks zu leisten.

Vom ursprünglichen Bau des **Hauses Keller** (1901) sind heute nur noch die schmiedeeisernen Fenstergitter und die Einfriedung zu sehen. Im Originalzustand zeigt sich heute wieder das **Haus Deiters** – ebenfalls Sitz des Deutschen Polen-Instituts. Als städtebaulichen Akzent setzte Olbrich einen turmartigen Anbau an die Hausecke, den er mit einem verspielt gestalteten Dach, flankiert von zwei runden Erkertürmen, zusätzlich eindrucksvoll betonte. Das Mansardendach ist mit Gaupen aufgelockert

Ernst-Ludwig-Haus

und die Übergänge zwischen Fassade und Dach sind mit dekorativen Zierstäben verziert. Typische Jugendstilformen lassen sich am parabelförmigen Eingang und am schmiedeeisernen Gitterwerk ablesen.

Das **Ernst-Ludwig-Haus**, nach Großherzog Ernst Ludwig benannt, wurde als Ateliergebäude mit großem Empfangsraum zur ersten Ausstellung der Künstlerkolonie 1901 fertig gestellt. ,Oben am höchsten Streif soll das Haus der Arbeit sich erheben, dort gilt, gleichsam in einem Tempel, die Arbeit als heiliger Gottesdienst.' Dieser Ausspruch von Olbrich zeigt, welchen programmatischen Charakter die Positionierung des Gebäudes hatte. Der Weg über eine lange terrassierte Treppenanlage symbolisiert zugleich auch den Aufstieg in eine höhere, geistige Region. Beeindruckend das Omega-Portal mit der Inschrift von Hermann Bahr:
SEINE WELT ZEIGE DER KÜNSTLER DIE NIEMALS WAR NOCH JEMALS SEIN WIRD.

Außen erkennt man zwei Monumentalfiguren, die ,Mann' und ,Frau' darstellen. Neben der Eingangstür sieht man auf den Künstlerköpfen Genien, die den Lorbeerkranz bereit halten (L. Habich). Heute befindet sich im Inneren das *Museum Künstlerkolonie*, das einen Überblick über die Arbeit der Künstler zeigt. Ein dreidimensionales Modell macht die Ansicht des Gesamtgeländes um 1900 deutlich.

Im Olbrichweg steht bei Nr. 11 das Oberhessische Haus, das von Olbrich 1908 entworfen wurde für die ,Hessische Landesausstellung für freie und angewandte Kunst'.

Museums-Shop
Oktogon am Museum
Künstlerkolonie
Geöffnet Di – So 10 – 17 Uhr
Tel. 13 31 94

Museum Künstlerkolonie
Darmstadt
Eine Dokumentation der
Künstlerkolonie anhand der
Ausstellungen 1901, 1904,
1908 und 1914
Geöffnet
Di – So 11 – 18 Uhr
Tel. 13 33 85

Haltestelle Mathildenhöhe
Bus F

Route 6 – Von der Rosenhöhe zum Komponistenviertel

Bereits 1810 ließ Großherzogin Wilhelmine auf dem östlich der Residenz gelegenen ‚Busenberg' einen weitläufigen Landschaftsgarten im englischen Stil anlegen. Später fügte Georg Moller ein Mausoleum hinzu, in welchem Wilhelmines Tochter Elisabeth beigesetzt wurde. Seitdem war die Rosenhöhe neben der Fürstengruft in der Stadtkirche eine Ruhestätte für die großherzogliche Familie.

Denkmal, Th. Duttenhoefer

Wir stehen vor dem **Löwentor,** heute dem Haupttor zur Rosenhöhe. Das ehemalige Eingangsportal zur 4. Ausstellung auf der Mathildenhöhe (1914) war ein Gemeinschaftswerk von Albin Müller und Bernhard Hoetger. Die Löwen befanden sich ursprünglich auf Säulen, die man später vor dem Hochschulstadion aufstellte (s. Route 8). Albin Müller entwarf 1926 für das Eingangsportal zur Rosenhöhe, wohin das Löwentor damals versetzt wurde, expressionistisch geformte Klinkerpfeiler. Zwischen den Pfeilern sind Bronzetore mit Reiterfiguren, die ebenfalls dem Expressionismus zuzuordnen sind, eingefügt. (B. Hoetger, 1914).
Wir wandern vorbei an den Häusern der **Neuen Künstlerkolonie**, die in den 1960er Jahren von einer Architektengemeinschaft geplant und von der Stadt und Wiederaufbau GmbH errichtet wurden, gehen durch ein Sandsteintor und sehen rechts auf der Wiese das Bronzedenkmal für den Lyriker Karl Krolow **‚Der Dichter als flüchtiger Erdengast'** von Thomas Duttenhoefer. Bald darauf stehen wir vor dem **Teehäuschen** aus dem frühen 19. Jahrhundert, das zur biedermeierlichen Ausstattung gehört. Ein Stück weiter liegt rechts das um 1820 gebaute klassizistische Hofgärtnerhaus, das mit

Teehäuschen

Knieender Engel von Ludwig Habich

Großherzog Ernst Ludwig (1892–1918), ein Enkel von Queen Victoria, war in erster Ehe mit Viktoria Melita von Sachsen-Coburg Gotha verheiratet. Dieser Ehe entstammte eine Tochter, Prinzessin Elisabeth (1895–1903) (s. Route 3), die in Russland verstarb. Ernst Ludwig heiratete 1905 Eleonore von Solms-Hohensolms-Lich. Aus dieser Ehe stammen die Söhne Georg Donatus (1906–37) und Ludwig (1908–68).

seiner Holzverschindelung einen ländlichen Charakter vermittelt.

Wenige Schritte weiter erreichen wir die **Gräber der großherzoglichen Familie**. Am Grab von Prinzessin Elisabeth, der Tochter von Großherzog Ernst Ludwig aus seiner ersten Ehe, die 1903 während eines Besuchs bei der verwandten Zarenfamilie in Russland verstarb, befindet sich die Bronzestatue der '**Kniende Engel'** von Ludwig Habich. In unmittelbarer Nähe liegt das Grab von Großherzog Ernst Ludwig und daneben die Gräber seiner Familie. Seine Frau Großherzogin Eleonore, der älteste Sohn Georg Donatus (von den Darmstädtern 'der Erbschorsch' genannt), dessen Frau und die beiden kleinen Söhne waren wenige Wochen nach dem Tod des Großherzogs zu einer Flugreise nach England aufgebrochen, um der Hochzeit von Prinz Ludwig und Prinzessin Margaret in London beizuwohnen. In Oostende kollidierte das Flugzeug im Nebel mit einem Fabrikschornstein und stürzte ab, alle Insassen kamen zu Tode. Zwei Jahre später verstarb auch die jüngste Tochter Johanna und wurde neben den Eltern, Brüdern und Großeltern bestattet. Mit ihnen war die Linie Hessen-Darmstadt ausgestorben.

Das **Neue Mausoleum** (K. Hofmann, 1903–10) ließ Großherzog Ernst Ludwig für seine Eltern errichten. Als Vorbild diente das berühmte Grabmal der römischen Kaiserin Galla Placidia in Ravenna. Im Inneren befinden sich prachtvolle Mosaiken und Marmorstatuen.

Neues Mausoleum

Das **Alte Mausoleum** entstand, als 1826 die fünfjährige Prinzessin Elisabeth Karoline verstarb und Großherzogin Wilhelmine den Hofbaumeister Georg Moller beauftragte, eine Grabkapelle im griechischen Stil zu erbauen. Hinter dem streng klassizistischen Äußeren verbirgt sich neben einem quadratischen Altarraum ein überkuppelter Rundraum mit dem Marmorsarkophag der Prinzessin, ein Meisterwerk des Bildhauers Christian Rauch. Weitere Mitglieder der großherzoglichen Familie wurden ebenfalls dort beigesetzt.

In südlicher Richtung gelangen wir zum **Rosarium,** ein in den 1920er Jahren nach den künstlerischen Vorstellungen von Großherzog Ernst

Im Rosarium

‚Auffliegender Taubenschwarm'

Altes Mausoleum

Ludwig gestalteter Garten. Ihm schwebte vor, den Charakter der üppigen Blütengärten Italiens mit den auf klaren Linien und Zuchtgewächsen ausgelegten Rosengärten Englands zu verbinden. Weiterhin gab er den Auftrag, den Rosendom sowie Terrassen, Gewächshäuser und Teiche anzulegen. Hier befindet sich die Bronzeskulptur **,Auffliegender Taubenschwarm'** (1990) des Darmstädter Bildhauers Gotthelf Schlotter.'

Pförtnerhaus

Am südlich gelegenen Eingang zum Rosenhöh-Park von der Erbacher Straße aus steht das alte **Pförtnerhäuschen** von 1894 mit einer mit Sandsteinbändern gegliederten Klinkerfassade. Aus dem Kuppeldach ragen auf allen vier Seiten dekorative rund geformte, überdachte Fenster, sogenannte ‚Ochsenaugen', hervor.

Zum Areal des Parks gehört auch ein Kuriosum, der sog. **Spanische Turm**. Wie ein Chronist schreibt, soll er 1864 erbaut worden sein und Großherzog Ludwig III. als Feldherrnhügel für Truppenübungen gedient haben.

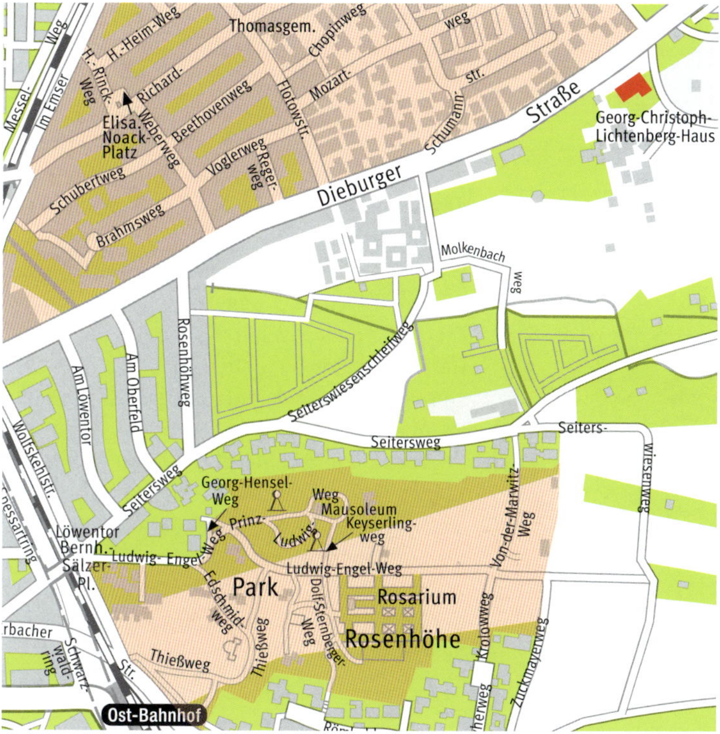

Spanischer Turm

69

Route 6 – Von der Rosenhöhe zum Komponistenviertel

Dieburger Straße 241

In der **Villa Flotow** (Dieburger Str. 239), die vermutlich 1840 von G. Moller erbaut wurde, hat der Komponist (Oper ,Martha') Friedrich von Flotow (1812 – 1883) seine letzten Lebensjahre verbracht. Er wurde auf dem Alten Friedhof beigesetzt.

Galerie C.Klein
Atelierhaus Vahle

Schumannstr. 11

Weitere Informationen siehe Seite 157.

Haltestelle Regerweg
Bus F

Der Literaturwissenschaftler, Lyriker und Übersetzer **Karl Wolfskehl** (1869–1948) sah sich selbst als jüdisch, römisch und deutsch zugleich.

Wir kehren zurück zum Löwentor und laufen durch die Wolfskehlstraße bis zur Dieburger Straße, in die wir nach rechts einbiegen. Bei Nr. 216 befindet sich das Projekt Planerhof/Planstatt (E. Neufert, 1950), welches die Tradition des Bauhaus-Stils, Wohn- und Arbeitsstätten in engen räumlichen Zusammenhang zu bringen, fortsetzt. Weiter entlang liegt bei Nr. 241 in der Dieburger Straße das Haus Hagenburg, das 1911 erbaut wurde und heute der TUD als Gästehaus dient.

Wir biegen nach links in die Flotowstraße, die bald vom Richard-Wagner-Weg gekreuzt wird. Hier hatte man 1911 mit der Erschließung einer Gartenvorstadt begonnen. Das 1926 im Klinkerexpressionismus entstandene Haus Koban im Richard-Wagner-Weg 28 war das Privathaus des Architekten Wilhelm Koban, hat eine in den Kubus eingeschnittene Dachterrasse und besitzt auf der Südseite ein Relief von Elisabeth-Westermann-Pfähler. Ebenfalls entworfen von Wilhelm Koban wurde das Haus Kotzenberg bei Nr. 36, das mit seinen dekorativen Säulen beeindruckt.

Route 7 – Paulusviertel

Paulusplatz – Pauluskirche – Tintenviertel – Alter Friedhof –
Georg-Büchner-Schule – Hochschulstadion – Sportstadion am Böllenfalltor

Route 7 – Paulusviertel

Der Architekt Friedrich Pützer (1871–1922) arbeitete ab 1897 an der Technischen Hochschule Darmstadt. 1902 übernahm er das Amt des Denkmalpflegers für die Provinz.

Das Gebiet wurde zu Beginn des 20. Jahrhunderts als Gartenvorstadt angelegt. Weil die Stadt dort vor allem Hauseigentümer mit Schreibtischberufen ansiedeln wollte, bekam das Quartier schnell seinen Spitznamen ‚Tintenviertel'. Als Grundlage diente der Bebauungsplan des Architekten Friedrich Pützer. Diesem gelang es, die Wege zu verkürzen und die Straßen mit Baumreihen zu flankieren.

Das Viertel gruppiert sich um den **Paulusplatz,** nach einem gemeinsamen Entwurf von Paul Meißner, Friedrich Pützer und August Buxbaum, mit der **Pauluskirche** (F. Pützer 1905–07) und anschließendem Pfarr- und Küsterhaus. Schmuckstücke der Kirchenanlage sind die Tore im geometrischen Jugendstil, die Arkaden und der Brunnen im Kirchhof. Imposant der Eingangsgiebel der Kirche mit einem

Paulusplatz

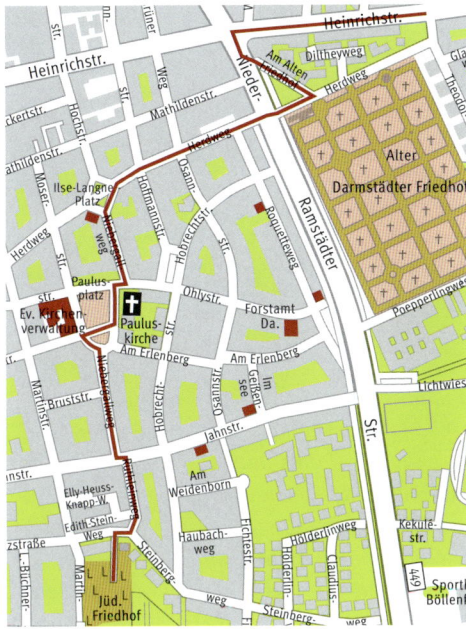

Paulusplatz

Relief der Kreuzigungsszene (R. Cauer, 1907). Cauer hat die Figur des Christus überlebensgroß und frei am Kreuz stehend dargestellt, um ihn als Überwinder von Welt und Tod zu zeigen. Die Innenausstattung der Kirche wurde nach dem Krieg neu gestaltet. Die Ausmalung des Chorraums und die Glasbilder stammen von H. Uhrig (1957).

Auf dem Platz gegenüber liegt das Verwaltungsgebäude der Evangelischen Kirche in Hessen und Nassau, ursprünglich als *Landeshypothekenbank* gebaut (P. Meissner, 1906–12). Das mit zwei Atlanten geschmückte Portal ist ein Werk von A. Varnesi. Die *Brunnenplastik* am Kopf der Treppenanlage zeigt eine nackte Mädchenfigur in tänzerischer Bewegung. Den

Ohlystraße 74

Tritonbrunnen auf der Südseite des Platzes entwarf Paul Meißner, Heinrich Jobst übernahm die Ausführung.

In den nach Osten angrenzenden Straßen liegen zahlreiche, **im Jugendstil erbaute Wohnhäuser**. (Beispiele: Roquetteweg 15 von G. Wickop; Roquetteweg 34 von H. Walbe; Im Geißensee 11 von F. Pützer; ‚Haus Kremer' Jahnstr. 111 von W. Koban, 1912. Außerdem Am Erlenberg Häuser von C. Schumber, G. Wickop und W. Frings). Im

Die Anfänge der Darmstädter Fremdenverkehrswerbung stellt die Gründung des Verschönerungsvereins im Jahr 1863 dar, der die Steigerung der Attraktivität Darmstadts für Touristen und Niederlassungswillige zum Ziel hatte. Dies wollte man durch Anlage von Wegen, Pflanzung von Bäumen und Aufstellung von Ruhebänken erreichen. Dem Verschönerungsverein zur Seite trat ab 1881 der Verkehrsverein, mit dessen Gründung die eigentliche Tourismusarbeit begann. Der Verein gab Stadtführer und Prospekte heraus, schaltete Werbeanzeigen, und betrieb seit 1907 eine Auskunftsstelle vor dem Weißen Turm. Man kümmerte sich um Verbesserungen im Eisenbahn- und Straßenbahnverkehr, förderte den sich in den 1920er Jahren entwickelnden Ausflugstourismus mit Autos und Bussen und den Ausbau des Luftverkehrs vom Flugplatz Lichtwiese aus. Die eigentliche Fremdenverkehrspolitik übernahm das 1930 gegründete städtische Verkehrsamt. Die Zerstörung Darmstadts machte die Erfolge jahrzehntelanger Fremdenverkehrsarbeit auf einen Schlag zunichte und erforderte die Entwicklung neuer Fremdenverkehrskonzepte. Die ‚Werbeträger' der Vorkriegszeit – Residenzcharakter, altes schönes Stadtbild, Hauptstadtflair – ersetzte man durch das Bild einer pulsierenden Kultur- und Geschäftsstadt am Rande wunderschöner Naturgebiete, die auch zu Tagungen und Kongressen einlud. In der 2006 gegründeten Darmstadt Marketing GmbH bestimmen nicht mehr städtische Honoratioren, sondern Marketingprofis die Tourismusarbeit. Peter Engels

Gegensatz zu den avantgardistischen Künstlerhäusern auf der Mathildenhöhe gehören diese Villen zum Stil traditioneller Landhäuser. Auffällig an dem Forstamt in der Ohlystr. 75 (K. Hofmann, 1902) ist das weit heruntergezogene Satteldach. An englische Landhäuser erinnern das streng lineare Fachwerk und die vier Sprossenfenster im Giebelfeld.

Im Herdweg 79, direkt am *Ilse-Langner-Platz*, entstand schon einige Jahre vor dem Pützerschen Bebauungsplan das **‚Haus Haardteck'** (H. Metzendorf, 1898), noch im Stil des Historismus mit mittelalterlichen Bauelementen. Eindrucksvoll sind der einem Bergfried nachempfundene Turm, der Torbogen und das Pförtnerhäuschen. Das Sandsteinrelief in der Giebelwand erinnert mit seinem Lindwurm-Motiv an Rittersagen.

Von der Jahnstraße aus gelangen wir zum **Jüdischen Friedhof,** der erstmals 1680 erwähnt wurde. Im Friedhof befindet sich ein Ehrenmal für die Gefallenen des 1. Weltkrieges. 1959 wurden für die in der NS-Zeit umgekommenen Juden Bronzetafeln angebracht.

Wir wandern den Herdweg entlang und erreichen nach Überquerung der Nieder-Ramstäd-

Roquetteweg 33

Die Schriftstellerin und Journalistin Ilse Langner (1899–1987), die sich als Dramatikerin, Erzählerin und Lyrikerin einen Namen machte, lebte seit 1963 in Darmstadt.

Alter Friedhof

Grabmal Friedrich von Flotow

Die Schriftstellerin Elisabeth Langgässer (1899–1950) wurde vor allem bekannt durch ihre Lyrik, Erzählungen und Kurzgeschichten. 1950 wurde ihr posthum der Georg-Büchner-Preis verliehen.

Die deutsche Frauenrechtlerin und Autorin Luise Büchner (1821–1877), eine Schwester Georg Büchners, vertrat in ihren Schriften besonders den Bildungs- und Berufsanspruch der Frau.

Der Schriftsteller Kasimir Edschmid (1890–1966) war ein Vorkämpfer des Expressionismus. Ein Großteil seiner Publikationen handelt von seinen ausgedehnten Reisen.

Haltestelle Beckstraße
Bus K

Woogsviertel

ter-Straße den 1828 angelegten **Alten Friedhof** mit seinen zahlreichen historisch und künstlerisch bedeutsamen Grabstätten. Unter anderem liegen hier begraben: der Komponist Friedrich von Flotow, Friedrich Ludwig Weidig, der Pfarrer und Weggenosse Büchners, der Architekt Joseph Maria Olbrich, die Schriftstellerinnen Elisabeth Langgässer und Luise Büchner, der Schriftsteller Kasimir Edschmid, der Mundartdichter Ernst Elias Niebergall sowie der Architekt Georg Moller, um nur einige Beispiele zu nennen. Nördlich des Haupteingangs, an den Gärtnereien vorbei, kommen wir zu dem hier aufgestellten **Tierbrunnen** (Anton Lußmann, 1907), der Wasserbecken für Tiere in allen Größen bietet.

Wir wandern ein Stück in das *Woogsviertel* hinein, das zum größten Teil in Nachkriegsarchitektur aufgebaut wurde, denn fast alle früheren Gebäude gingen in der Brandnacht in den Flammen auf. Wir beenden die Route an der Inselstraße, wo der Dichter Arno Schmidt (1914–1979) mit seiner Frau Alice nur kurze drei Jahre lebte, da er sich im ‚großstädtischen' Darmstädter Umfeld nicht besonders wohl fühlte.

Route 8 – Vom Osten zum Stadtwald

Böllenfalltor – Ludwigshöhe – Herrgottsberg – Lichtwiese –
Vivarium – Botanischer Garten

Route 8 – Vom Osten zum Stadtwald

Haltestelle Hochschulstadion
Straßenbahn 2, 9

Galerie Lattemann

Papiermüllerweg 7
Mühltal-Trautheim

Weitere Informationen
siehe Seite 157.

Kletterzentrum Darmstadt

Lichtwiesenweg 15

Tel. 15 96 · 6 61

Weitere Informationen
siehe Seite 165.

Wir beginnen in der Nieder-Ramstädter- Straße, gehen in Richtung Osten und kommen vorbei an der **Georg-Büchner-Schule** (Hans Schwippert, 1958–60), eine der elf **Darmstädter Meisterbauten**, die im Anschluss an das 2. Darmstädter Gespräch 1951 ‚Mensch und Raum' geplant und von denen fünf Projekte realisiert wurden. Bei den Meisterbauten handelt es sich um typische Bauaufgaben der Zeit, zu deren exemplarischer Lösung namhafte Architekten aus dem In- und Ausland beauftragt wurden.

Entlang dem Lichtwiesenweg gelangen wir an das **Hochschulstadion** und werfen einen Blick auf die Eingangssäulen, die dem Eingangstor zur 4. Ausstellung auf der Mathildenhöhe in 1914 entstammen. Die ehemals darauf postierten Löwen zieren heute das Eingangstor zur Rosenhöhe. Gleich daneben stehen wir bei Nr. 15 vor einer der modernsten Kletteranlagen Deutschlands.

Wir gehen zurück zur Nieder-Ramstädter-Straße und kommen zum **Sportstadion am Böllenfalltor**. Nach dem 2. Weltkrieg wurden die ursprünglichen Sportanlagen ausgebaut, es wurde eine Sporthalle errichtet und seit den 1970er Jahren gibt es zusätzlich ein Stadion für 23 000 Zuschauer mit überdachter Sitztribüne. Hier spielt der Fußballverein SV 98, der 1898 gegründet wurde und zu den ältesten Vereinen in der deutschen Fußball-Landschaft gehört. Von 1978–81 spielte der Verein in der Bundesliga.

Auf unserem Weg in Richtung östlicher Stadtrand kommen wir vorbei am *Internationalen Musikinstitut Darmstadt IMD*, einem Informationszentrum für zeitgenössische Musik, das vor allem durch die unter seiner Organisation seit

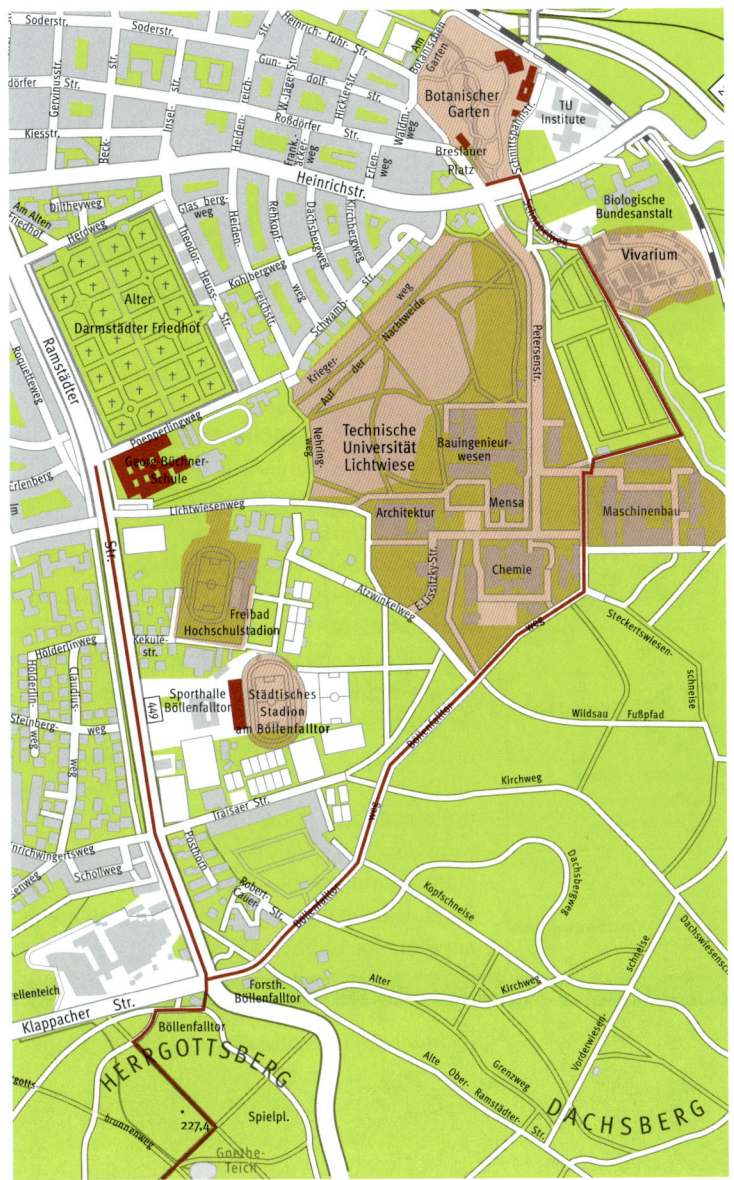

Ludwigshöhturm

Goethefelsen am Herrgottsberg

Volkssternwarte Darmstadt e.V.

Geöffnet
Do 19.30 + So 10 Uhr

Tel. 13 09 00
www.vsda.de

Geopunkt und Geotop 2012
Goethefelsen
am Herrgottsberg

Planetenweg

1946 stattfindenden ‚Darmstädter Ferienkurse für Neue Musik' bekannt ist.

Wir gelangen zum **Böllenfalltor,** genannt nach einem von mehreren Falltorhäusern, die ehemals den Eingang in den landgräflichen Wildpark sicherten (Böllen = Pappeln), betreten den Stadtwald und wandern den Waldweg entlang bis zur malerischen Felsengruppe auf dem **Herrgottsberg** (Spiel- und Grillplatz). Hierhin zog es auch schon vor mehr als 200 Jahren den Kreis der Empfindsamen, der sich um die Große Landgräfin geschart hatte (s. Route 3), hier dichtete Goethe 1772 seinen ‚Felsweihegesang an Psyche'. Weiter geht es zur **Ludwigshöhe** (Spielplatz und Kiosk) mit dem Ludwigshöhturm von 1882. Von seiner Plattform aus genießt man einen prachtvollen Rundblick über Stadt, Odenwald, Bergstraße und Rheinebene. Ein Platz für Hobbyastronomen ist das *Observatorium*.

Wieder zurück an den Stadtrand gelangen wir über den Böllenfalltorweg zur **Lichtwiese,** dem ehemaligen Flugplatz, wo seit den 1960er Jahren mehrere Institutsgebäude der Technischen Universität Darmstadt errichtet wurden. Architekturpreise erhielt das Laborgebäude des

Fachbereichs Maschinenbau (G. Fesel, 1976). 1993 entstand auf dem Gelände ein Skulpturengarten.

Wir wenden uns an der Maschinenbauhalle nach rechts, biegen dann links in den Schnampelweg ein und erreichen den **Zoo Vivarium**, der 1965 als lebendiges Lehrbuch für Schulkinder angelegt wurde. Auf 4 Hektar leben über 1600 heimische und exotische Tiere. Hautnahe Tierbeobachtungen ermöglichen das Schmetterlingshaus, das begehbare Gehege der Bennett-Kängurus und der Streichelzoo mit Afrikanischen Zwergziegen.

Wir überqueren die Heinrichstraße, folgen der Schnittspahnstraße bis zum Ende, wo sich der Eingang des **Botanischen Gartens** befindet. Seine hundertjährigen exotischen Bäume und die verschlungenen Wege machen den Reiz der vom Darmbach durchflossenen Anlage aus. Der Gehölzkatalog zählt über 1200 Arten, Varietäten und Sorten auf. In den Gewächshäusern befinden sich Pflanzen subtropischer und tropischer Gebiete. 2012 wurde ein neues Gewächshaus erbaut, das auch das ‚Grüne Klassenzimmer' beherbergt, welches auch als Kulturraum nutzbar ist.

Zoo Vivarium

Geöffnet täglich
März 9 – 18 Uhr,
Apr. – Sep. 9 – 19 Uhr,
Oktober 9 – 18 Uhr,
Nov. – Feb. 9 – 17 Uhr

Kassenschluß ist jeweils
1 Std. früher

www.zoo-vivarium.de

Der Botanische Garten

Freiland geöffnet
im Sommerhalbjahr:
Mo – Fr 7.30 – 19.30 Uhr,
Sa 9 – 18 Uhr
So 9 – 12 Uhr

Geöffnet im Winterhalbjahr:
Mo – Fr 7.30 – 16 Uhr,
Sa 9 – 16 Uhr
So 9 – 12 Uhr

Mai – September am
1. So im Monat bis 18 Uhr

Gewächshäuser geöffnet:
Mo – Fr
7.30 – 12.30 + 13 – 15.30 Uhr

Schnittspahnstraße 3 – 5
www.bio.tu-darmstadt.de/
botanischergarten/

Haltestelle
Vivarium / Botanischer Garten
Bus K

Im Schmetterlingshaus im Zoo Vivarium

Route 9 – Bessungen

Am Kreuzungspunkt alter Römerstraßen entwickelte sich das mittelalterliche Bessungen, vermutlich aus einer fränkischen Siedlung, die im 5. Jahrhundert gegründet wurde. In der ersten urkundlichen Erwähnung 1002 verlieh Kaiser Heinrich II. das Dorf Bescingon an das Bistum Bamberg. 1479 gelangte Bessungen durch Erbschaft an die Landgrafen von Hessen und wurde 1888 ein Stadtteil Darmstadts.

Wir beginnen die Route im **Prinz-Emil-Garten,** der ab 1772 nach dem Vorbild eines englischen Landschaftsparks im Auftrag von Friedrich Karl von Moser durch den Dieburger Gartenmeister Siebert angelegt wurde. Der Park ging im Lauf

Haltestelle Prinz-Emil-Garten
Straßenbahn 7, 8

Hörtour
Mit der Straßenbahn Linie 8
von Arheilgen nach Alsbach

Hörbeiträge zum
Prinz-Emil-Garten unter
Tel. 0 89 - 210 833 71 11 - 07

Sparkassen-Filiale
Karlstr. 112

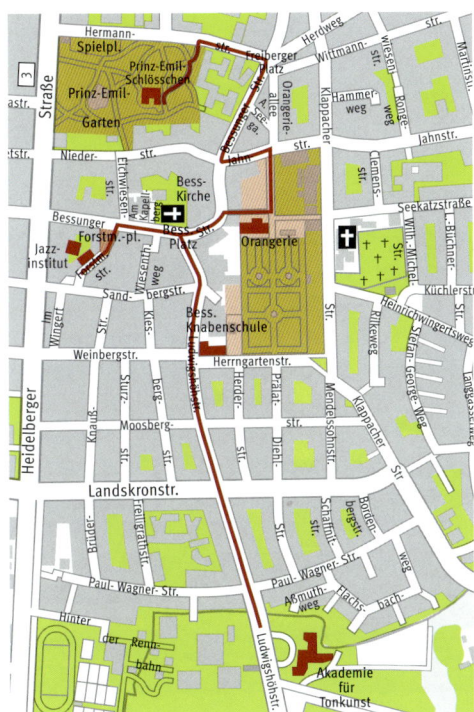

Route 9 – Bessungen

der Jahrhunderte an mehrere Besitzer über, bis schließlich die Stadt Darmstadt 1927 das Anwesen vom Großherzog erwarb. Die Parkanlage besitzt heute einen Teich mit einem kleinen Wasserfall und das restaurierte barocke Gartenpalais, das **Prinz-Emil-Schlösschen** (J. M. Schuknecht, 1775–78), das für den Staatsreformer Friedrich Carl von Moser erbaut wurde. Heute ist darin das Nachbarschaftsheim untergebracht. Hier gibt es Kinderbetreuung, Spiel, Gesellligkeit und Kultur.

Vom Park biegen wir in die Hermannstraße ein, wo sich das Weinrestaurant Heiping befindet. Hier ist jeden Donnerstag Veggie Day. Wir erreichen die Bessunger Straße, der wir ein Stück folgen, bis von rechts die Niederstraße einmündet. Eines der Fachwerkhäuser in der kurzen und schmalen Gasse ist das ‚Henkershäuschen‘, in dem in der 2. Hälfte des 18. Jahrhunderts der Scharfrichter Christian Schönbein lebte. Wir überqueren die Bessunger Straße

Prinz-Emil-Schlösschen

Orangerie

und gelangen gegenüber in die Jahnstraße, die zum Parkeingang führt. Dahinter liegt das Schlösschen ‚**Orangerie**' (1719–21), das von Landgraf Ernst Ludwig in Auftrag gegeben und von Louis Remy de la Fosse entworfen wurde. Den Parkeingang bildet das Hofportal (1745) des ehemaligen Marktpalais, das 1850 hier aufgestellt wurde.

Der Garten ist in seinen Grundzügen aus Gartenparterres, breiten Achsen mit Fontänen und umsäumenden Baumalleen erhalten. Die Orangenbäume kamen aus Sizilien, und jeden Sommer kann man die südliche Frucht hier reifen sehen. Den Winter verbringen die Bäume in den Glashäusern. Früher war das Schlösschen die

BESSER BESSUNGEN
125 Jahre Stadtteil
Fotos, Wissenswertes
www.surface-book.de

Orangeriegarten

Route 9 – Bessungen

Petruskirche

Winterherberge für die wärmegewohnten Bäume mit einem nach Süden geöffneten dreigeschossigen Saal. In der Nachkriegszeit wurde es die ‚Behelfsbühne' für das Hessische Landestheater, das besonders unter der Intendanz von Gustav Rudolf Sellner einen herausragenden Ruf bekam. Heute wird das Orangeriegebäude für Konzerte und Tagungen genutzt.

Westlich liegt am Kapellberg die **Petruskirche**, die 1002 erstmals urkundlich erwähnt wurde und bis zum 14. Jahrhundert Mutterkirche für die zahlreichen Dörfer der Umgebung – darunter auch Darmstadt – gewesen ist. Der frühmittelalterliche Kern der Chorturmkirche ist noch erkennbar. 1884 erhielt die Kirche ein Querschiff und 1909 nahm Pützer weitere Umbauten vor.

Mittelpunkt des Alt-Bessungen war der **Forstmeisterplatz**. Hier befindet sich der ehemalige Jagdhof, den Landgraf Ernst Ludwig 1709–26 einrichten ließ, denn die in Mode gekommene ‚Parforcejagd' erforderte einen enormen Aufwand. So gab es auch noch den Marstall, Scheunen, mehrere Wohngebäude, einen Zwinger für 180 Hunde mit Hundeküche und Hundewäscherei. Von dem ausgedehnten Komplex sind nur noch das barocke *Kavaliershaus*, in dem das **Jazzinstitut Darmstadt** seinen Sitz hat, das *Forstmeisterhaus* und der ehemalige Wildbretkeller, der *Jagdhofkeller*, erhalten.

Hier steht auch der Sandsteinbrunnen, die **Brunnebütt** (1830), ein Wahrzeichen des Stadtteils.

Wenn man von hier aus die Bessunger Straße in westlicher Richtung geht, gelangt man zu dem Gebäudekomplex der Städtischen Bauverwal-

Jazzinstitut Darmstadt
Das Jazzinstitut beherbergt die größte öffentliche Jazzsammlung Europas. Im Gewölbekeller sind jeden Freitag Konzerte zu hören, in der Galerie sind jazzbezogene Kunst- und Fotoausstellungen zu sehen.

Geöffnet
Mo + Do 10 – 17 Uhr
Di 10 – 20, Fr 10 – 14 Uhr

Tel. 96 37 00
www.jazzinstitut.de

Kavaliershaus

tung. Hier integriert befindet sich das Boulevard- und Kindertheater ‚**Die Komödie TAP'**, das Dieter Rummel 1960 zunächst auf der Mathildenhöhe eröffnete, das später in der Ruine des Alten Landestheaters ein Domizil fand und schließlich hier in der Bessunger Straße 125 einen festen Platz erhielt.

Auf der Ludwigshöhstraße gehen wir südwärts und sehen auf der rechten Straßenseite ein mit Streben, Füllungen und Schnitzwerk geschmücktes *Fränkisches Fachwerkhaus* von 1705. Das Bäckerzeichen im Schlussstein über der Toreinfahrt weist auf seine ehemalige Nutzung hin. Weiter entlang kommen wir an der *Bessunger Knabenschule,* dem ältesten heute noch stehenden Schulgebäude in Darmstadt, vorbei. Zur feierlichen Eröffnung des neuen Schulhauses nebst Turnhalle im Jahr 1878, stand im Darmstädter Tagblatt zu lesen, dass ein Füllofen angeschafft worden sei, was als überaus fortschrittlich empfunden wurde, wie

Die Komödie TAP

Kartenreservierung
Tel. 3 35 55
www.die-komoedie-tap.de

Kulturzentrum Bessunger Knabenschule e.V.
Die Angebote sind vielfältig. An den Wochenenden werden Rock- und Jazzkonzerte, Theater und Kleinkunst veranstaltet.

Büro geöffnet
Di, Mi, Do 17 – 19 Uhr

Tel. 6 16 50
knabenschule@t-online.de

Trotz vielfältigem internationalen Engagement ließ es sich die Sopranistin **Erika Köth** (1927–1989) nicht nehmen, immer wieder auch auf der Bühne ihrer Heimatstadt aufzutreten. Zu ihrem herausragenden Repertoire zählte die ‚Königin der Nacht' in Mozarts Zauberflöte, mit der sie 1953 an der Wiener Staatsoper debütierte.

Moosbergstraße 60

Der Komponist und Landeskirchenmusiker Arnold Mendelssohn 1855–1933) lehrte an der Akademie für Tonkunst und erhielt 1923 den Georg-Büchner-Preis.

Haltestelle Lichtenbergschule
Straßenbahn 3

Hörtour
Mit der Straßenbahn Linie 3 vom Hauptbahnhof zur Lichtenbergschule

unter
Tel. 089-210 833 7101-01

der nachfolgende Text aussagt: **‚Dabei können Kinder direkt neben dem Ofen sitzen; ohne von Hitze belästigt zu werden'.** Heute ist das Gebäude ein Zentrum für Veranstaltungen im kulturellen und sozialen Bereich.

Gebäude mit phantasievollen Gründerzeit- und Jugendstilfassaden entdecken wir in der nach rechts abbiegenden *Moosbergstraße.* Bemerkenswert das Haus Nr. 60 mit dem malerischen Schwan-Motiv.

Wir überqueren die Landskronstraße und gelangen zur **Akademie für Tonkunst**, die 1851 als Schmitt'sches Konservatorium gegründet wurde und zu einer der ältesten Musik-Ausbildungsstätten in Deutschland gehört. Mit der Übernahme in städtische Trägerschaft im Jahre 1922 erfolgte die staatliche Anerkennung und 1987 entstand der architektonisch reizvolle Neubau (Siepmann, Gallon u. Partner). Die Akademie verfügt über Konzertsäle, Übungssäle, über eine umfangreiche Musikbibliothek und ein hochwertig ausgestattetes Tonstudio.

Route 10 – Heimstättensiedlung

Route 10 – Heimstättensiedlung

Matthäuskirche

Haltestelle Südbahnhof
Bus RB 60, R, H

1932 entstand in einem Randstück nahe am Eschollbrücker Wald auf einem ehemaligen Exerziergelände mit Pulver- und Munitionshäusern eine kleine Siedlung, die vorrangig für Arbeitslose gedacht war. Es sollten kleine Häuser mit Gärten und Ställen zur Selbstversorgung errichtet werden. Aus 100 Siedlerstellen entwickelte sich im Lauf der Jahrzehnte ein respektabler Stadtteil. 1948 kam ein neuer Siedlungsabschnitt hinzu: die nach Deutschland heimgekehrten Buchenländer und Donauschwaben erhielten ein Waldgelände südlich der bereits vorhandenen Häuschen. Nach Plänen von Prof. Peter Grund entstand die Buchenlandsiedlung bzw. Donausiedlung.

Wir starten am Südbahnhof, der 1912 bei der Verlegung der Rhein-Main-Bahn als Nebenbahnhof von F. Mettegang erbaut wurde. Auf dem Heimstättenweg, vorbei an den Kleingartenanlagen, kommen wir zur Evangelischen **Matthäuskirche**. 1949−50 wurde hier eine von Otto Bartnings Notkirchen (es gibt noch 41 weitere) errichtet. Das Konzept dieser Kirchen bestand aus den in Serie hergestellten Standard-Elementen der Holz-Binder, der Empore, des Daches, der Fenster, Türen und des Gestühls. Alles wurde vorgefertigt angeliefert und innerhalb von Tagen aufgebaut. Die Steine für das Mauerwerk, die den Holzbau untermanteln, bestanden im Fall der Matthäuskirche aus gepresstem Trümmerschutt des zerstörten Darmstadts. Im Inneren wölbt sich die Dachkonstruktion wie ein schützendes Zelt über den Kirchenraum. Die Bemalungen (W. Sohl, 1953) die auf das rohe Mauerwerk aufgebracht wurden, sind Darstellungen der vier Evangelisten mit ihren Symboltieren und Szenen aus dem Matthäus-Evangelium. Die Walker-Orgel stammt von 1953.

Wir gehen den Heimstättenweg weiter und kommen zur Heilig-Kreuz-Kirche, dem Gotteshaus, das 1965 der Katholische Bevölkerungsteil erhielt. Den Mittelpunkt im Innenraum bildet das Mosaik der Altarwand ‚Christus in der Glorie'. Bemerkenswert ist auch das Glasfenster mit der Pietà.

Wir schließen die Route ab und treten den Rückweg auf der anderen Seite der Eschollbrükker Straße an. Wir streifen den siedlungsnahen Wald und kommen am Gelände der ehemaligen Ernst-Ludwig-Kaserne vorbei, auf dem ein neues Baugebiet, der ‚Ernst-Ludwig-Park', mit Wohnungen und einer Kindertagesstätte entstanden ist.

Haltestelle Anne-Frank-Str,
Bus H

Sparkassen-Filiale
Am Kaiserschlag 47

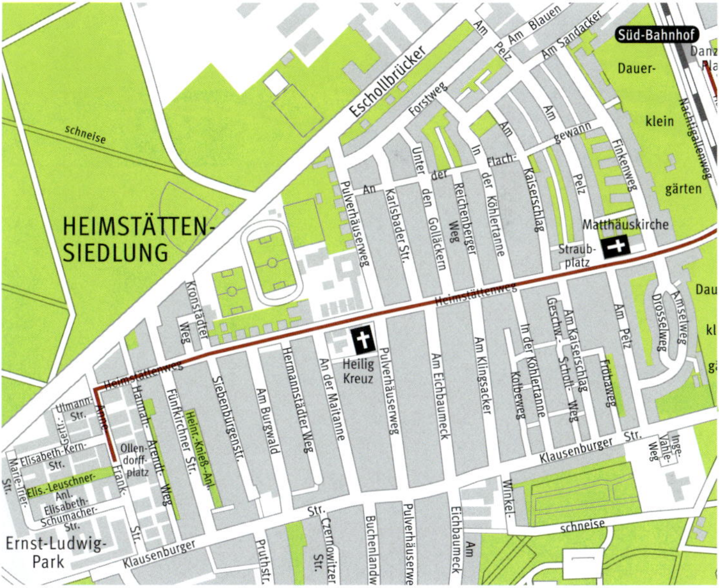

Route 11 – Vom Norden nach Kranichstein

Wir beginnen unseren Weg im Rhönring. Hier stehen Häuser, die vor etwa 100 Jahren entstanden und teilweise mit schönen Jugendstilornamenten versehen sind. Wir biegen in nördlicher Richtung in die Friedberger Straße ein, und bald liegt vor uns der malerische Wohnkomplex **Waldspirale** (F. Hundertwasser, 2000). Das Darmstädter Hundertwasser-Haus zeigt mit seiner Bemalung, den farbenfrohen Keramiksäulen, den goldenen Zwiebeltürmen und den mit Bäumen bepflanzten Terrassen und Balkonen die typischen Merkmale. Die über 1000 Fenster sind sämtlich Unikate. Von der Dachterrasse des Gastronomie-Betriebes hat man einen wundervollen Ausblick.

Wir kommen zum **Bürgerpark Nord,** der 1978 eingeweiht wurde und für jedermann zugäng-

August-Buxbaum-Anlage

Parkhaus Bürgerparkviertel
Weitere Informationen siehe
rückwärtige Umschlagklappe

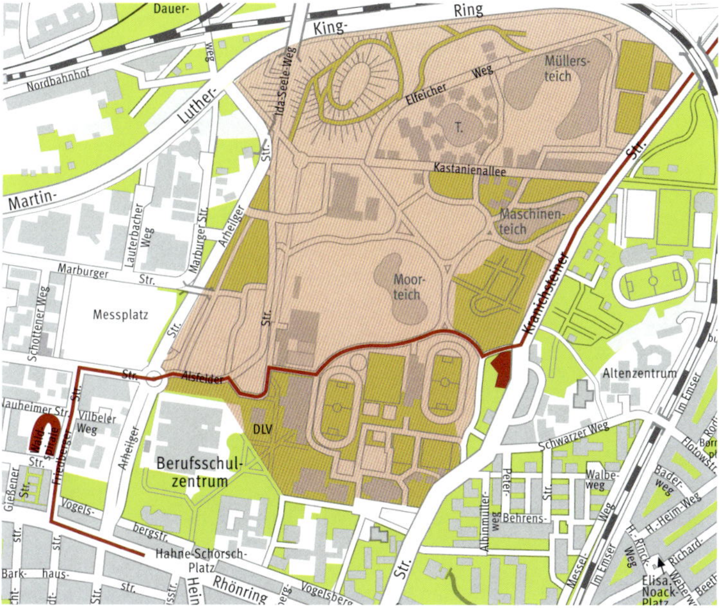

Route 11 – Vom Norden nach Kranichstein

Haltestelle Schwarzer Weg
Bus H

Hörbeiträge
Mit der Wissenschaftslinie 4
von Kranichstein bis
Griesheim

unter
Tel. 0 89 · 210 833 7130 · 01

Künstlerhaus Ziegelhütte e.V.
Mit Atelier und Galerie

Veranstaltungen verschie-
denster Art und Ausstellungen zeitgenössischer Kunst
Freiplastikausstellung im
Zweijahresrhythmus

Tel. 9 67 67 10
www.kuenstlerhaus-
ziegelhuette.de

Stadtbibliothek
Zweigstelle Kranichstein

Bartningstr. 33

Geöffnet
Di 10 – 12 + 14 – 17, Mi 14 – 19,
Do 10 – 12 + 14 – 17 Uhr

Tel. 9 67 15 35

lich zur Erholung und zur sportlichen Ertüchti-
gung dient. Es gibt ein großzügiges Leistungs-
zentrum mit Kunststoffbahn und Aschenbahn,
Sportplätze mit Flutlichtanlage, ein Hallenbad
mit Außenbad, eine Eissporthalle und ein Tanz-
sportzentrum. Der kleine Hügel, auf den man
hinauf spazieren und von oben einen schönen Rundblick genießen kann, wurde 1975
mit dem Bauaushub aufgeschichtet, als in der
Stadtmitte der City-Tunnel ausgehoben und
das Luisencenter gebaut wurde. Der Fußweg
durch den Bürgerpark Nord führt uns bis zur
Kranichsteiner Straße, wo wir unmittelbar auf
das ,**Künstlerhaus Ziegelhütte'** stoßen. Das
barocke Fachwerkhaus wurde 1651 erbaut und
diente dem Betreiber einer Ziegelei als Wohnhaus und Kontor. 1983 war das nunmehr über
300 Jahre alte Gebäude vom Abriss bedroht. Pit
Ludwig, der Fotograf und damalige Präsident
der Darmstädter Sezession kämpfte für den Erhalt. Er entwickelte die Idee eines Künstlerhau-
ses und einer Freiplastikausstellung im Garten
der alten Ziegelei.

Wir wandern weiter vorbei an der ,Gichtmauer' –
die Bänke an der von der Sonne durchwärmten
Steinmauer eignen sich bestens, um schmer-
zende Rücken wohlig zu entspannen -, die den
Darmstädter Wald der Fasanerie umgrenzt und
gelangen zum Ortsteil **Kranichstein.** Hier entstand ab 1968 ein Neubaugebiet unter maßgeb-
licher Mitwirkung des Frankfurter Stadtplaners
Ernst May. Es gibt eine Schule, Kindergarten,
ein Einkaufszentrum, Restaurants, eine Kirche,
ein ökumenisches Zentrum und zahlreiche Institutionen.

Ein Stück weiter nördlich am Stadtrand erreichen wir das **Jagdschloss Kranichstein.** Georg I.

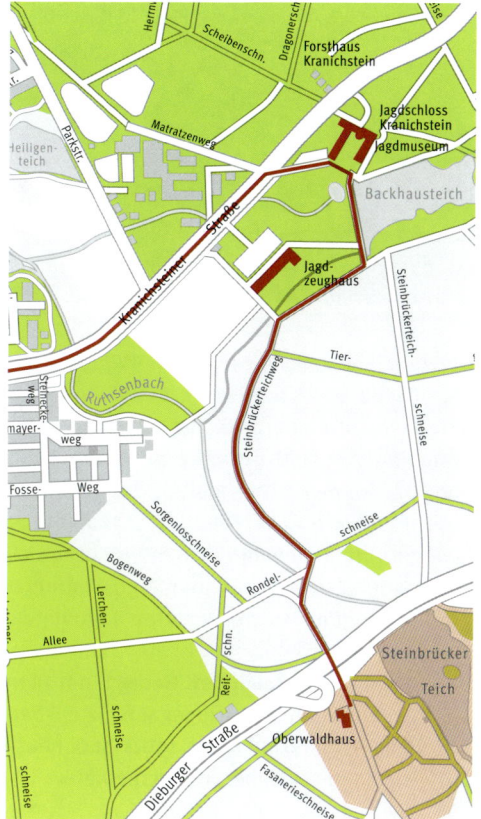

Kabarett Kabbaratz

Tel. 99 73 89

www.kabbaratz.de

Geopark-Informations-
zentrum
Bioversum Kranichstein

Sparkassen-Filiale
Grundstr. 2 – 8

Museum
Jagdschloß Kranichstein

Die Sammlung kündet über
400 Jahre von der Jagdleiden-
schaft der Landesfürsten von
Hessen-Darmstadt. 13 fürstliche Salons mit Jagdgemäl-
den, wertvollen Tapisserien
und Möbeln im Stil des Barock
und Rokoko. Dazu imposante
Hirschtrophäen und eine be-
eindruckende Waffensamm-
lung mit prachtvoll ornamen-
tierten Radschlossgewehren.

Geöffnet
Mi – Fr 13 – 17,
Sa – So 10 – 17 Uhr

Tel. 97 11 18-0
www.jagdschloss-
kranichstein.de

ließ das Renaissanceschloss (J. Kesselhuth, 1571–79) errichten, und er legte auch den Wildpark an. Ebenfalls aus der Entstehungszeit stammt die **Schlosskapelle**. Sie erhielt 1630 eine Stuckdecke, die biblischen Szenen wurden 1710 bis 1739 auf die Emporenbrüstung aufgemalt. 1840 entstand am Schlossgebäude der Mittelrisalit mit dem Treppenhaus und 1917 wurde von Großherzog Ernst Ludwig hier ein Jagdmuseum eingerichtet.

Im bioversum

Jagdschloss Kranichstein

bioversum Kranichstein
Museum biologischer
Vielfalt im Zeughaus

„Forschen – Erkennen – Erleben" 27 interaktive Stationen, die zugleich Werk- und Spielstätten sind. Ein spannendes Begleitprogramm mit Forschertouren und Exkursionen in die Kranichsteiner Kulturlandschaft regen Forschergeist, Spürsinn und direkte Auseinandersetzung mit der Natur an.

Geöffnet
Di – Fr 11 – 17,
Sa – So 10 – 17 Uhr

Tel. 97 11 18-0
www.bioversum-kranichstein.de

Der zum Jagdschloss gehörende *Wildpark* hat eine Größe von 500 Hektar. Einige Teile der umgebenden Mauer – Gichtmauer und Fasaneriemauer – sind erhalten geblieben. Nur noch der Name erinnert daran, dass ehemals in der Fasanerie an der Dieburger Straße unter Landgraf Ernst-Ludwig (1678–1739), der sich mit großer Leidenschaft der Jagd widmete, große Mengen des geschätzten Jagdvogels aufgezogen wurden.

Den **Steinbrücker Teich** ließ Georg I. um 1573 ausstechen. Mit der Ausflugsgaststätte *Oberwaldhaus* (Frenay und Kling, 1901) ist er heute Mittelpunkt eines Naherholungsgebiets.

Haltestelle Oberwaldhaus
Bus F

Oberwaldhaus

Route 12 – Der Westen und rund um den Hauptbahnhof

Route 12 – Der Westen und rund um den Hauptbahnhof

Georg Moller (1784–1852) war ein Schüler von Weinbrenner. Sein klassizistisches Planungssystem voll Spannung und ausgewogener Asymmetrie prägte wesentlich das Bild und den Charakter der Stadt.

Haltestelle Rhein-Neckar-Str. Straßenbahn 1, 2, 4/5, 6, 7/8, 9 Bus F, H

Literaturhaus
Vereine und Institutionen
Lesungen und Veranstaltungen

Tel. 13 33 39

Kunst Archiv Darmstadt
Sammlung Darmstädter Kunstgeschichte: Kataloge, biographisches Material, Kunstwerke.

Bürozeiten: Di – Fr 10 – 13 Uhr

Tel. 29 16 19
www.kunstarchivdarmstadt.de

Die westliche Neustadt, die **Mollerstadt**, ließ Ludewig I. anlegen, um der jungen großherzoglichen Residenz mehr Möglichkeiten der Entfaltung zu geben. Er berief aus Karlsruhe Georg Moller, dessen Stadtentwurf das streng geometrische, axiale Planungssystem des Barock durch ein klassizistisches Raster voller Spannung und ausgewogener Asymmetrie ersetzte. Wir gehen vom Luisenplatz aus westwärts die Rheinstraße entlang. Die einstige Prachtachse entwickelte sich bereits in der Barockzeit, als die Stadt vom Schloss aus nach Westen erweitert wurde. Zunächst bis zum Luisenplatz, Mitte des 19. Jahrhunderts weiter bis zum Steubenplatz und zu Beginn des 20. Jahrhunderts schließlich bis zum 1912 eingeweihten Hauptbahnhof.

An der Kreuzung Rhein-Neckarstraße liegt das **Literaturhaus.** Damit wurde 1996 ein literarisches Zentrum im John-F.-Kennedy-Haus geschaffen, in dem literarische und kulturelle Vereinigungen ihren Sitz haben. Hier residiert auch das Kunstarchiv Darmstadt, eine Dokumentationsstätte für bildende Kunst.

Einige Schritte weiter stehen wir vor der **Kunsthalle** (T. Pabst, 1956), in der von dem traditi-

John-F.-Kennedy-Haus

Rheintor vor der Kunsthalle

onsreichen 1833 gegründeten Kunstverein wechselnde Ausstellungen gezeigt werden. Davor wurde wieder das *Rheintor* aufgestellt, das Mitte des 19. Jahrhunderts den Eingang zur Mollerstadt bildete.

Von hier aus führt uns unser Weg über den Steubenplatz, wo sich im nördlichen Bereich, Am Alten Bahnhof 6, das Gebäude der 1873–74 gegründeten *Bank für Handel und Industrie* erhebt. Ein dreiachsiger Risalit unterteilt die zehn- und zwölfachsige Fassade. Bemerkenswert ist das Portal in der üppig gestalteten Eckausbildung mit römischem Triumphbogenmotiv. Das später in Danatbank (Darmstädter und Nationalbank) umbenannte Geldinstitut leitete mit seinem Zusammenbruch 1931 die deutsche Bankenkrise ein. Unser Weg führt uns zunächst entlang der Bismarckstraße, von dort biegen wir nach rechts in die Kirschenallee ein. Nach etwa einem halben Kilometer zweigt die Landwehrstraße nach rechts ab. Wenn wir

Hessisches Landesmuseum Darmstadt
Außenstelle
Kirschenallee 88

Die historischen Druckmaschinen, der Schriftguss, der künstlerische Tief- und Flachdruck sowie Buchbindetechniken können durch praktische Anschauung ‚begriffen' werden.

Geöffnet
Di + Fr 10 – 12 Uhr,
Do 15 – 17 Uhr,
Sa + So 11 – 17 Uhr

Buchung von Führungen und Kursen unter
Tel. 16 57 41
oder paedagogik@hlmd.de
www.hlmd.de

Haus für Industriekultur

Hörtour
Mit der Straßenbahn Linie 3 vom Hauptbahnhof zur Lichtenbergschule

unter
Tel. 0 89 - 210 833 7101 - 01

dieser ein Stück folgen, erreichen wir auf der rechten Seite die ehemalige Zeppelinhalle mit ihrer expressionistischen Klinkerfassade, die in den 1920er Jahren aus Allenstein, Ostpreußen hierher transportiert wurde. Wir kehren zurück zur Kirschenallee, gehen noch ein Stück nach rechts und stehen vor dem **Haus der Industriekultur**, einer Außenstelle des *Hessischen Landesmuseums Darmstadt*. Ursprünglich für die Möbelfabrik Alter (K. Klee, 1906) erbaut, beherbergt das Gebäude heute die Museumsabteilung für Schriftguss, Satz und Druckverfahren vom Anfang des 19. Jahrhunderts bis in die 1970er Jahre.

Wir kehren um, wandern zunächst die Kirschenallee zurück, dann weiter in Richtung Westen und kommen an dem für den Bahnarzt erbauten **Eckhaus, Goebelstraße 32** (H. Schieker, 1929) vorbei. Das Wohnhaus ist ein dreistöckiger Würfel aus rotem Klinker mit abgekanteten Ecken und expressionistischen Details.

Wir gelangen zum **Hauptbahnhof,** der 1910–12
von Friedrich Pützer in traditionalistischer Bau-
weise mit einer Außenfassade aus Muschelkalk
und mit Jugendstilelementen errichtet wurde.
Über dem Haupteingang sind zwei Reliefs
(H. Jobst, 1912) zu erkennen, die Herkules
im Kampf mit dem Stier und auf der anderen
Seite im Kampf mit dem Löwen zeigen. Über
dem Seiteneingang befindet sich das von zwei
Löwen flankierte Großherzogliche Wappen.
Die gewölbte Decke der Empfangshalle ist mit
Ausmalungen geschmückt. Im Seitenraum des
Restaurants sind Keramikfliesen von Julius
Scharvogel (Großherzogliche Keramik Manu-
faktur) mit Jugendstilornamenten zu sehen.
Der Bahnhof war als Gebäudekomplex konzi-
piert mit dem *Fürstenbahnhof,* daneben einem
Verwaltungsbau, und auf der anderen Seite mit

RMV-Mobilitätszentrale
Info-Pavillon vor dem
Hauptbahnhof

Geöffnet
Mo – Fr 8 – 18 Uhr,
Sa 9 – 13 Uhr

Tel. 3 60 51 51

RMV-Hotline
0 18 05 · 7 68 46 36

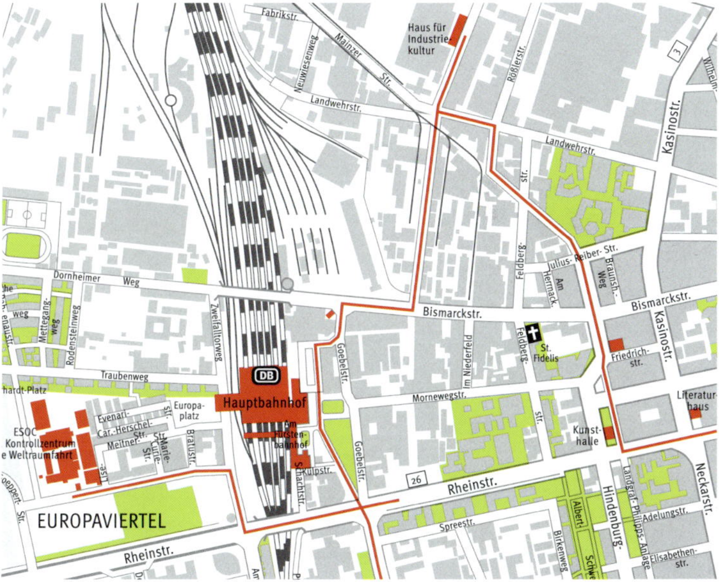

Detail Fürstenbahnhof

Bräustüb'l
Goebelstraße 7

Tel. 0 61 51- 87 65 87
www.braustuebl.net

dem ehemaligen, mit barockem Zierrat des Historismus geschmückten kaiserlichen *Postamt* (F. Sander, 1912). Dazu gehörte der von einer Mauer umschlossene *Fremdenverkehrspavillon,* an dessen Ostseite ein großer *Wandbrunnen* (F. Pützer, 1912) steht. Zusammen mit dem gegenüberliegenden *Bahnhofshotel* (Markwort + Seibert, 1912) fügte sich das Arrangement harmonisch zu einem Ensemble.

Ein Tipp ist das Braustüb'l, Südhessens größtes Brauhaus, in der Goebelstraße 7, gegenüber des Hauptbahnhofes. Gegründet wurde die Gaststätte im Jahr 1847 und ‚Zur Eisenbahn' genannt. Alle Biere kommen frisch aus dem Brauereikeller der Darmstädter Privatbrauerei. Die Biere können auch zusammen mit neuen und klassischen Gerichten der deutschen Küche in gemütlichen, holzvertäfelten Räumen des Braustüb'ls genossen werden.

Vor dem Eingang zum ehemaligen Fürstenbahnhof steht der *Bahnhofsbrunnen* aus Kalk-

Hauptbahnhof

stein mit schmiedeeiserner Bekrönung (Fölmi + Riegel, 1911).

Von hier aus in südlicher Richtung gelangen wir zu den *Häusern in der Schachtstraße* (H. Kleinschmidt + H. Schieker, 1926), die mit den dreieckig aus der Fassade ragenden Erkern und den Schmuckdetails aus Ziegelmauerwerk bemerkenswerte Beispiele des Ziegelexpressionismus zeigen.

Gehen wir die Rheinstraße ein Stück ostwärts in Richtung Stadtmitte, dann entdecken wir auf dem Areal der ehemaligen Herdfabrik Roeder – etwas versteckt hinter Büschen am Rand eines Parkplatzes – eine **Bronzeschale** (R. Cauer, 1929) mit Szenen der Arbeit in einer Gießerei. Die Schale ist stilistisch dem Expressionismus zuzuordnen.

Wir wenden uns auf der Rheinstraße westwärts und überqueren die Brücke. Vor uns erhebt sich der ehemalige ,*Richthofenbunker*', der sowohl als Bunker wie als Flakstellung diente, und auf dessen Dach ein Geschütz montiert war.

Auf der linken Straßenseite bemerken wir Gebäude der *Deutschen Telekom*, die hier mehrere Unternehmensteile angesiedelt hat und der zweitgrößte Arbeitgeber der Stadt ist. Wir gehen nach rechts in den Zweifalltorweg, biegen nach links ab und kommen zum *Technologie- und Innovationszentrum* für junge Unternehmen. Das TIZ bietet als Forum Kontakt zu anderen Gründern und unterstützt durch Netzwerkaktivitäten.

Gleich darauf stehen wir vor dem **European Space Operations Centre ESOC,** das 1967 in Darmstadt in Betrieb genommen wurde. Weitere Informationen siehe in Route 18 ,Wissenschaft und Technik' ab Seite 129.

Schachtstraße

Haltestelle Hauptbahnhof
Straßenbahn 2, 3, 5
Bus F, H, K, R, RB 60, RB 65, RB 75, S 3

Echo

Kundencenter Echo Medien
Holzhofallee 25 – 31

P+R Parkhaus Hauptbahnhof
Weitere Informationen siehe rückwärtige Umschlagklappe

Brücke am Dornheimer Weg

Route 13 – Waldkolonie

Altes Schalthaus

Wir beginnen unsere Route am ziegelgemauerten und schieferbedeckten **Wasserturm** (F. Mettegang, 1912), der einst zur Wasserversorgung des Bahnhofs und der Lokomotiven diente, und betreten die alte *Bahnbrücke*, wohl Darmstadts größtes Brückenbauwerk. Der stählerne Koloss wurde 1909−10 erbaut und überspannt mit 163 m die Bahngleise. Die Gestaltung der Portalbögen lässt Jugendstilmerkmale erahnen.

Im Dornheimer Weg kommen wir vorbei am **Alten Schalthaus** (E. Seibert + G. Markwort, 1926). Der Bau des ehemaligen Umspannwerks der HEAG orientiert sich an expressionistischer Architektur mit seiner horizontalen Betonung der Gesimse, den diagonal versprossten Fenstern und den abgetreppten Giebeln. Heute wird das Haus für Bürger-Veranstaltungen genutzt.

Einige Schritte weiter gelangen wir zur ehemaligen **Eisenbahnersiedlung** (F. Mettegang, 1911), die zeitgleich mit dem Bau des neuen Hauptbahnhofs entstand. Die Häuser haben eine Kronendeckung mit regionaltypischen Biberschwanzziegeln und eine steinsichtige Fassadengestaltung. Die Reichsbahn siedelte hier

Wasserturm
Musikveranstaltungen

Tel. 89 57 74
www.obo-towermusic.de

Haltestelle Rodensteinweg/
Altes Schalthaus
Bus F

,Vater und Kind', Baldur Greiner

eine Spezialgruppe von Arbeitern an, die in Notsituationen wie Entgleisungen oder Brandfällen kurzfristig ausrücken sollte. Daher wurde das Wohngebiet von den Bewohnern ,Alarmsiedlung' genannt.

Südlich des Dornheimer Weges entstand nach 1920 eine weit größere Siedlungsanlage, die **Waldkolonie**. Den Reiz der Siedlung, die mit ihren Vorgärten und Straßenbäumen den Charakter einer Gartenstadt vermittelt, macht insbesondere bei den Reihenhäuser im Illigweg (H. Stumpf + K. Osterrath, 1920) die geschwungene Straßenführung aus. An zentraler Stelle erhebt sich die **Paul-Gerhardt-Kirche** (1962) mit schön gestalteten Glasfenstern, auffällig das runde Heilig-Geist-Fenster (L. Nießner, 1963) über dem Chorraum. Im Altarbereich befindet sich die Figur ,Vater und Kind' aus Pappelholz, die der

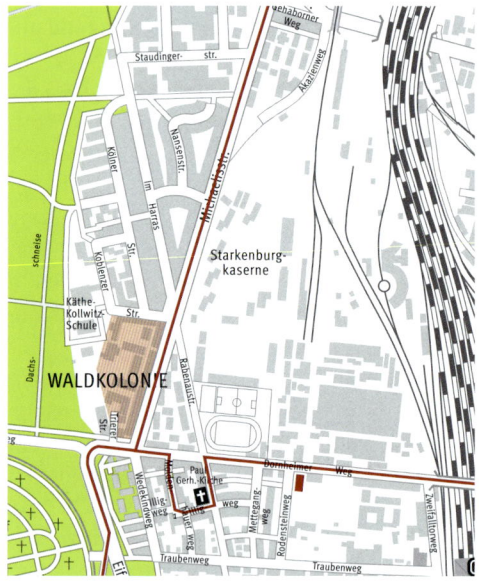

Bildhauer Baldur Greiner 1988 geschaffen hat.
Das daneben stehende Gemeindehaus wurde
1927 eingeweiht und erhielt als Glocke das Ar-
mesünderglöckchen aus dem Weißen Turm, das
dort bei Hinrichtungen in Klang gesetzt worden
war.

Weiter westlich stoßen wir auf den **Gebäudekomplex an der Michaelisstraße** (H. Simon +
H. Kolb), der 1914 als Funkerkaserne und als
Luftschifferkaserne errichtet und inzwischen
zu einem Wohngebiet ausgebaut wurde. Auf
der anderen Michaelisstraßenseite liegt die
Starkenburgkaserne. Auf dem Gelände des
ehemaligen Eisenbahnausbesserungswerks
befindet sich hier seit 1958 unter der Verant-
wortung der Bundeswehr eine Einrichtung für
Panzerinstandsetzung.

Vorbei an einem neueren Siedlungsgebiet gelangen wir zum nördlichen, fast orientalisch
anmutendem Ende des Stadtviertels. Hier sind
zwei Moscheen gelegen: die Noo-du-din Moschee der Ahmadiyya-Gemeinde (2003) und,
ebenfalls mit zwei Minarett-Türmen und im
Inneren wunderschön ausgestattet, die Emir-
Sultan-Moschee (1996). Bei beiden Moscheen
sind Besucher willkommen.

Waldfriedhof

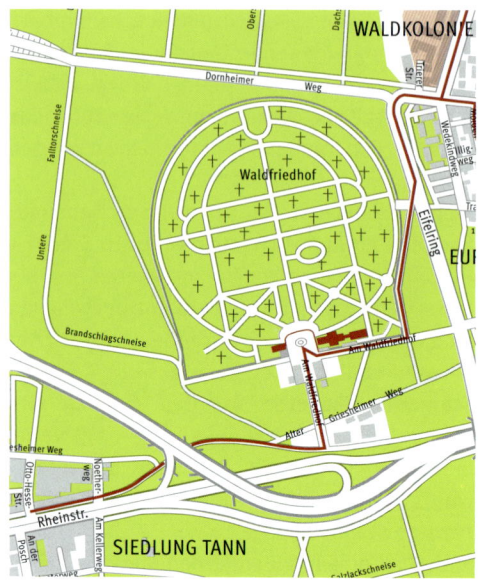

Wir kehren zurück und gelangen am Rand des Westwalds zum **Waldfriedhof** (A. Buxbaum, 1914). Die im neuklassizistischen Stil entworfenen Gebäude verbinden sich beindruckend mit der parkähnlichen Landschaft. Die markante Eingangsarchitektur besteht aus einem halbrunden Säulengang mit zwei symmetrischen Kuppelbauten (Einsegnungshalle und Krematorium). Die Anlage ist hufeisenförmig angelegt und wird symmetrisch durch den großen Hauptweg, diagonale Pfade und Rundwege erschlossen. Eindrucksvoll ist das Ehrenmal für die Toten beider Weltkriege. Daneben erinnern drei liegende Bronzefiguren (F. Schwarzbeck, 1957) an die in der Brandnacht am 11./12. September 1944 umgekommenen Darmstädter Bürgerinnen und Bürger, die in einem Massengrab beerdigt wurden. Das Areal ist als Rondell ausgebildet, auf Bronzetafeln sind die Namen der Toten eingraviert.

Unser Weg führt uns ein Stück durch den Wald zum westlichen Stadtrand mit der **Siedlung Tann**. Über seinen Aufenthalt in Darmstadt von 1776–77 schreibt Matthias Claudius, er würde es genießen, sich westwärts aus der Stadt zu wenden, durch das Rheintor und weiter durch eine schöne lange Lindenallee bis zu einem Wald von Tannen zu gehen, wo es sich recht gut spazieren ließe. Eine erste bauliche Einrichtung erhielt das Gebiet, als 1902 die ‚Privilegierte Schützengesellschaft' ein Schützenhaus mit Schießanlagen errichtete. In den folgenden Jahren entstand im Umfeld ein Gewerbegebiet, und 1912 stellte die Gemeinde Griesheim den Bebauungsplan für eine Villenkolonie im Wald auf. Gut erhalten ist das Landhaus (P. Müller, 1912) mit biberschwanzgedecktem Satteldach und holzverschindeltem Giebel, das von Darmstadt aus kommend das Entree zur Siedlung markiert. Die Wohnbebauung wurde 1934 mit dem Bau der Autobahn Hamburg-Basel gestoppt. 1937 wurde die Siedlung Tann zusammen mit dem Truppenübungs- und dem Flugplatz von Griesheim ausgemeindet und Darmstadt zugefügt.

Haltestelle Otto-Hesse-Str.
Straßenbahn 4, 9

Waldkolonie

Route 14 – Arheilgen

Vermutlich waren es die Alemannen, die sich im 5. Jahrhundert am Ruthsenbach niederließen und den Ort ‚Araheilingen' gründeten, der sich im Lauf der Jahrhunderte aus ehemals kleinen bäuerlichen Ansiedlungen zur Industrie- und Arbeiterwohngemeinde entwickelte. 1937 wurde Arheilgen nach Darmstadt eingemeindet.

Wir beginnen den Weg am ehemaligen **Straßenbahndepot** (G. Markwort + E. Seibert, 1924) in der Frankfurter Landstraße. Stilistisch gehört die Anlage zum Ziegelexpressionismus, einem für die 1920er Jahre typischen Architekturstil. Auffällig sind die Rautenmuster und Bänder sowie der abgetreppte Giebel. Wenige Schritte weiter gelangen wir zum **Gasthaus ‚Zum Goldenen Löwen'**, das Mitte des 18. Jahrhunderts entstand. 1905 wurde das Barockgebäude um den Saalbau erweitert. Dieser erhielt ein Jugendstilportal und Bleiglasfenster mit Jugendstilornamenten.

Wir überqueren die untere Mühlstraße und folgen der Darmstädter Straße. Gleich rechts

Haltestelle Hofgasse
Straßenbahn 6, 7, 8
Bus A, WX, 662

Hörtour
Mit der Straßenbahn Linie 8
von Arheilgen nach Alsbach

unter
Tel. 0 89 - 210 833 71 11 - 01

Sparkassen-Filiale
Frankfurter Landstr. 163

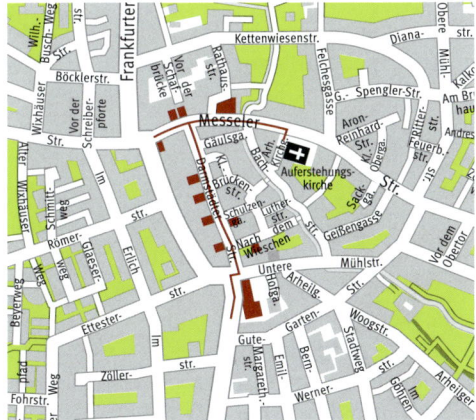

‚Schreiberpforte'

biegt die Straße ‚Nach dem Wieschen' ab und wir sehen bei Nr. 1 ein Kniestockhaus von 1782. Wir folgen der Darmstädter Straße weiter und bemerken etliche Fachwerkhäuser aus dem 18. und 19. Jahrhundert. Links bei Nr. 25 befindet sich der Gasthof Zum Storchen, ursprünglich ein mittelalterlicher Sattelhof von 1658, dessen heutige Form um 1800 entstand. Das zweigeschossige Wohnhaus mit wertvollem Sichtfachwerk bei Nr. 7 stammt aus der Zeit um 1700 und bei dem Anwesen bei Nr. 5 handelt es sich um eine gut erhaltene fränkische Hofreite. Wir biegen nach links in die Messeler Straße ein und kommen bei Nr. 1 zur **Schreiberpforte** aus dem 19. Jahrhundert. Ursprünglich 1648 erbaut, diente es den beiden Zollschreibern, die in der ehemals die Straße überspannenden Zollstation ihren Dienst taten. Wir kehren um und folgen der Messeler Straße. Das Haus Nr. 3 war der Gasthof Zum Hirsch, ebenfalls erstmals um 1648 errichtet. Gegenüber kommen wir bei Nr. 10 + 12 zum ehemaligen Gasthaus ‚Zum Weißen Ross', dessen Geschichte zurück belegt ist bis in das Jahr 1640. Im Giebelfeld des Torbogens befindet sich ein Wappenstein mit springendem Pferd. Das Relief über dem

Eingang der ehemaligen Gaststätte ist eine Merck-Goethe-Gedenktafel und gehörte eigentlich zum Haus Messeler Str. 6–8.

Ein Stück weiter kommen wir bei Nr. 20 zum klassizistischen ehemaligen **Rathaus** (heute Polizeirevier) mit dem ausladenden flach geneigten Dach und den durchlaufenden Gesimsen, das 1840 unter dem Einfluss Georg Mollers entstand. Wir folgen der Straße weiter und überqueren bald den Ruthsenbach, an dem sich hier ein mit Bänken umsäumtes Ruheplätzchen befindet.

Einige Schritte weiter kommen wir zur **Auferstehungskirche**, ehemals eine romanische Kapelle von 1225, das heutige Gebäude geht auf einen Bau in 1482 zurück. Nach einem Brand wurde die Kirche 1683 neu aufgebaut (Taufstein von 1686). Sie erhielt in der Barockzeit den typisch geschweiften Helm (M. Schuknecht, 1779). Das Pfarrhaus, ein zweigeschossiges Fachwerkhaus mit Krüppelwalmdach, entstand um 1760. Interessant sind die ‚Wilde-Mann'-Figuren im Fachwerk des Obergeschosses. Weiter östlich liegt die **Zehntscheuer** von 1692, die der jagdbesessene Landgraf Ernst Ludwig hatte erbauen lassen und die ursprünglich als Stroh- und Heumagazin für die Stallungen in Kranichstein diente. Weiter entlang die Messeler Straße gelangen wir in die Jägertorstraße, der wir noch ein gutes Stück folgen, bis links die Steinstraße abbiegt. Hier erreichen wir das Eisenbahnmuseum, in dem wir eine große Ansammlung an Fahrzeugen sehen. Zum ehemaligen Bahnbetriebswerk gehören ein Lokschuppen samt Drehscheibe, Bekohlungsanlagen und weitere Behandlungsanlagen für Lokomotiven.

Auferstehungskirche

Johann Heinrich Merck (1741 –1791), Kunstkritiker, Schriftsteller, Paläontologe, Freund und Förderer des jungen Goethe. Gehörte zum ‚Kreis der Empfindsamen' um Landgräfin Karoline.

Eisenbahnmuseum Darmstadt-Kranichstein Steinstr. 7

Geöffnet
So und Feiertage
10–16 Uhr

Von April bis September
10–16 Uhr

Tel. 37 64 01

Route 15 – Wixhausen

Im 8. oder 9. Jahrhundert, so nimmt man an, hat sich hier rund um die Düne, auf der die Kirche steht, ein Haufendorf entwickelt. Erstmals schriftlich erwähnt wurde Wixhausen 1173 im Besitzstandsverzeichnis des Klosters Eberbach im Rheingau. Der bescheidene bäuerliche Wohlstand des Dorfes wurde im Dreißigjährigen Krieg zerstört. Im 19. Jahrhundert entwickelte sich der Ort von der Agrar- zur Wohngemeinde. Wixhausen ist seit 1977 ein Stadtteil von Darmstadt.

Die **evangelische Pfarrkirche** gehört zu den ältesten Bauten der Gegend und war ursprünglich eine dem Heiligen Bartholomäus gewidmete romanische Kapelle. 1295 wurde sie zur selbständigen Pfarrkirche erhoben. Die heutige Saalkirche baute Johann Martin Schuknecht 1774–76. Bemerkenswert das Turmschlagwerk von 1517 mit der ältesten Glocke von 1519. Außergewöhnlich sind die beiden Glasfenster (Th. Duttenhöfer, 1997), die sogenannten ‚Physikfenster‘, die von der in Wixhausen angesiedelten Gesellschaft für

Haltestelle
Wixhausen/Bahnhof
Bus WX

Sparkassen-Filiale
Wegscheide 1

Wixhäuser Dorfmuseum
Fränk. Fachwerkhaus von 1662 mit Backofen

Auf zwei Etagen sind Geräte, Werkzeuge und Bilder aus dem 19. und frühen 20. Jhd. dargestellt.

Geöffnet
April bis Oktober
jeden 1. Sonntag
14 –16.30 Uhr

Tel. 0 61 50 - 77 31

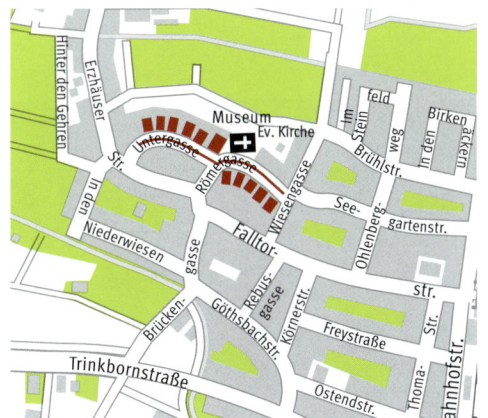

Römergasse

Schwerionenforschung GSI in Auftrag gegeben wurden. Bei der **Pfarrhofreite** (M. Clausecker, 1762) sind das Mansardendach und die vor das Haus gebaute Eingangstreppe typisch für den barocken Baustil. Im Wohnhaus in der Untergasse 1, mit seinen schönen Fachwerkelementen, errichtet um 1600, befindet sich heute das Dorfmuseum. Im 18. und 19. Jahrhundert entstanden die **Fachwerkhäuser** in der Römergasse (2 bis 19, 15 und 17), und in der Untergasse 1 bis 9 befinden sich kleine Hakenhöfe. Das Anwesen in der Erzhäuser Str. 2 stammt von 1820 und gehört zum Typus Kleinbauern- und Ackerbürgerhaus.

Dorfmuseum in der Untergasse

Route 16 – Eberstadt und die Burg Frankenstein

Route 16 – Eberstadt und die Burg Frankenstein

Heidelberger Landstraße

Die alte fränkische Siedlung wurde zum ersten Mal 782 im Lorscher Kodex erwähnt. Adelsfamilien waren als Vögte eingesetzt, die sich im 13. Jahrhundert oberhalb die heutige Burg Frankenstein bauten. Im 17. Jahrhundert wurde Eberstadt von den Frankensteinern an die Darmstädter Landgrafen verkauft. 1821 bekam der Ort eine eigene Gemeindeordnung, bevor

Hörtour
Mit der Straßenbahn Linie 8
von Arheilgen nach Alsbach

unter
Tel. 0 89 - 210 833 7111 - 01

Haltestelle Eberstadt/Kirche
Straßenbahn 6, 7, 8
Bus EB

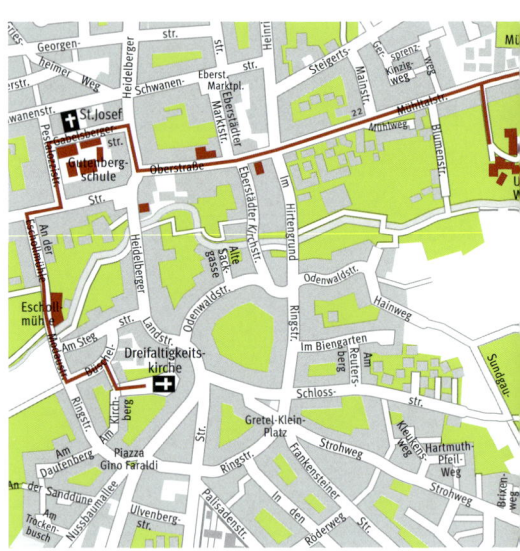

er 1937 nach Darmstadt eingemeindet wurde. Wir beginnen die Route in der Oberstraße, die zusammen mit Teilen der Heidelberger Landstraße den historischen Ortskern mit schönen Fachwerkhäusern aus dem 17. und 18. Jahrhundert bildet. Besonders bemerkenswert ist die *Fränkische Hofreite* von 1702 (Oberstraße 39) und die *Dreiseithofreite* (Oberstraße 22), gebaut Mitte des 19. Jahrhunderts, in deren Hauskern noch Reste älterer Vorgängerbauten stecken. Die **Geibelsche Schmiede** (Oberstraße 20) entstand zwischen 1662–64 und dient heute dem Heimatmuseum für Ausstellungen. Im Hof der ehemaligen *Diefenbachschen Brauerei* (Oberstraße 16), einem traufständigen Fachwerkbau aus dem Jahr 1783, befindet sich noch das Kühlhaus mit Kühlschiff. Hier wurde die ,Bierwürze' nach dem Gärvorgang in einer eisernen Wanne gekühlt. In der ehe-

Stadtteilbibliothek
Eberstadt
Oberstraße 11a

Geöffnet
Di + Do 14 – 18 Uhr,
Fr 9 – 13

Tel 13 - 28 35
www.stadtbibliothek.
darmstadt.de

Sparkassen-Filiale
Heidelberger Landstr. 198

maligen **Gerberei** von 1594, die im 19. Jahrhundert umgebaut wurde, ist heute die Stadtteilbibliothek untergebracht. Das Flüsschen Modau fließt unmittelbar vorbei. Auf der anderen Flussseite wurde nach historischem Vorbild ein Bauerngarten angelegt.

Das ehemalige **Rathaus** (G. Mittermayer, 1847) ist heute Sitz der Bezirksverwaltung und ein typisch klassizistischer von Georg Moller beeinflusster Verwaltungsbau.

Die **Gutenbergschule** besteht aus drei Gebäudebereichen: der Georgenschule, der Ernst-Ludwig-Schule und der Eleonorenschule. 1880 – 86 wurde eine Scheune zur Georgenschule umgebaut; 1902 entstand nebenan die Ernst-Ludwig-Schule, ein typischer Schulbau der Jahrhundertwende mit zeittypischen Rundbogenfenstern und 1907 – 08 kam die Eleonorenschule hinzu. Typisch für die Bauzeit sind die Mansarddächer und der kleine Uhrturm. Im Hof befindet sich das alte ‚Abortgebäude'. Gleich gegenüber wurde 1910 – 11 die **St. Josefs-Kirche** im Stil einer neugotischen Dorfkirche errichtet. Von hier aus gehen wir ein kurzes Stück in südlicher Richtung und stehen in der Heidelberger Landstraße vor den Fachwerkhäusern Nr. 224 und 226, in die um 1700 eine *Thurn und Taxissche Poststation* eingerichtet wurde.

Entlang der Modaupromenade kommen wir am westlichen Ortsrand zur **Eschollmühle**, die 1563 vom Zöllner Adam Wamboldt erbaut wurde. Es entstand eine Getreidemühle mit zwei Mahlgängen, und auf jenen Wein, der östlich von Eberstadt wuchs, wurde ‚Guldenweinzoll' erhoben.

Die weiter südlich auf einer Sanddüne erbaute **Laurentiuskirche** (1523) wurde 1604 vergrößert.

Villa Mühltalstraße 132

1851 wurde der Kirchturm erhöht und er bekam eine der Zeit entsprechende spitze klassizistische Haube.

Von hier aus durchqueren wir den Ort auf der Oberstraße oder wandern ein Stück die Modaupromenade entlang in östlicher Richtung. In der *Mühltalstraße* sehen wir eine Reihe interessanter Häuser aus der zweiten Hälfte des 19. Jahrhunderts, die Denkmalschutz genießen (Haus Nr. 5, 7, 12, 18, 30). Aus der Zeit um 1900 datiert das kleine Landhaus Mühltalstraße 110 mit malerischem Fachwerk. Sehenswert auch das schmiedeeiserne Eingangstor mit floralem Jugendstildekor.

Etwas außerhalb erreichen wir die *Wiesenmühle*, die 1369 zum erstenmal erwähnt und 1490 geteilt wurde. Das barocke Haupthaus mit dem

Abfahrt ‚Feuriger Elias'
Haltestelle Eberstadt/
Frankenstein

Weitere Informationen
siehe Seite Seite 31.

121

Burg Frankenstein

gotischen Treppengiebel der Oberen Mühle stammt von 1725. Das Haupthaus der Unteren Wiesenmühle stammt von 1728.

Die *Villa Mühltalstraße* 132, die sich hoch über der Straße erhebt, wurde um 1900 im neugotisch beeinflussten Landhausstil mit Fachwerkbalken und der Verwendung von Natursteinen errichtet. Das Dekor sollte dem Haus einen burgähnlichen Charakter verleihen.

Im Tal nach Nieder-Beerbach sind etliche Mühlen angesiedelt. Modauaufwärts erreichen wir die *Kaisermühle.* Das Haupthaus der Alten Kaisermühle stammt von 1716 und wurde 1988-89 denkmalgerecht saniert. Die Neue Kaisermühle entstand 1890 im historistischen Baustil und ist eine gut erhaltene Industrie-Mühlenanlage, bestehend aus dem dreigeschossigen Wohnhaus, dem eigentlichen Mühlengebäude, Scheune und Gesindehaus.

In der *Engelsmühle,* die 1707 entstand, wurde bis kurz nach dem 1. Weltkrieg noch Mehl gemahlen. Auf der anderen Modauseite liegt die *Koppenmühle* von 1569. Interessant sind die Mühlenwappen am Tor, auf denen sich der damalige Besitzer und seine Frau hatten verewigen lassen.

Zur *Neuen Bohlenmühle* von 1701 mit ihren barocken Mansarddächern führt ein Stichweg. Die *Waldmühle,* auch Walkmühle genannt, entstand um 1700. Sie war lange Zeit ein Waisenhaus, später ein Kinderheim und wurde vor wenigen Jahren zu einem Therapiezentrum umgebaut. Die *Frankenberger Mühle* stammt in Teilen noch von 1707 und die *Zehmühle* aus dem 18. Jahrhundert.

Obwohl weit außerhalb unserer Route gelegen, möchten wir dennoch auf die **Burg Frankenstein** eingehen, zu der südlich von Eberstadt aus eine Straße hinauf führt. Die Burg, heute eine Ruine, wurde 1252 erstmals urkundlich erwähnt und gehörte den Herren von und zu Frankenstein. 1662 ging sie an die Landgrafen zu Hessen-Darmstadt über und verfiel von da an. Ende des 19. Jahrhunderts ließ die erwachende Burgromantik wieder Interesse am Frankenstein aufkommen, und man begann mit einer nicht sehr gelungenen Restaurierung. Der heute die Ruinen überragende Turm war ein Wohnturm, um den sich das Herrenhaus, der Küchenbau, die Frauengemächer, die Unterkünfte für Mägde und Knechte, ein Vorratshaus, ein Backhaus und das Brunnenhaus gruppierten. Noch gut erhalten ist die 1450 errichtete Kapelle mit Grabmälern der Burgherren-Familie.

Route 17 – Zum Melitabrunnen und zum Prinzenberg

Das *Hetterbachtal*, umgeben von Prinzenberg und Eichwäldchen, ist ein beliebtes Eberstädter Naherholungsgebiet. Unser Spaziergang beginnt am Steckenbornweg – da, wo das Sträßchen auf die lange Heinrich-Delp-Straße trifft. Wir folgen dem asphaltierten Weg, an dem sich rechts die Streuobstwiesen ausbreiten, die im Frühling ein wahrer Blütentraum sind. Es ist eine stille, bescheidene Landschaft mit knorrigen alten Bäumen und Wildblumen. Vor 200 Jahren haben die Eberstädter die dort

Haltestelle Eberstadt/
Von-Ketteler-Straße
Straßenbahn 7, 8

wachsenden alten Sorten wie Alexanderapfel, Kaiser Wilhelm, Rheinischer Winterambur und Walnüsse in ganz Südhessen verkauft. Als damit kein Geschäft mehr zu machen war, gaben sie den Obstanbau auf. Nach ein paar Metern sind rechts die Ruinen der Burg Frankenstein zu erkennen. Links verabschiedet sich behutsam die Zivilisation: Die großen eingezäunten Gärten der Anwohner gehen allmählich in Landschaft über.

Der Weg gabelt sich an einem Verkehrsschild (dreimal Durchfahrt verboten), an dem eine schlecht entzifferbare Holztafel auf den Melitabrunnen hinweist. Wir laufen rechts, auf dem Hetterbachweg, in die empfohlene Richtung. Aus dem Wasserhahn des *Hetterbach-Brunnens* am linken Wegesrand, der 1935 vom Verkehrs- und Verschönerungsverein gebaut wurde, fallen Tropfen in ein kleines Steinbecken. Weil auch Tiere gerne daran lecken, wurde vorsichtshalber der Hinweis „Kein Trinkwasser" angebracht. Der das Tal durchquerende Hetterbach fällt zunächst nur durch die Binsenbüschel am Ufer auf. An dieser Stelle gehört das Gelände privaten Eigentümern, die ihr Grundstück mit den drei Fischteichen eingezäunt haben. Ab 1713 floss das auch von Brauereien geschätzte Wasser des Hetterbachtals, in Holzrohren gefasst, als Trinkwasser nach Eberstadt. Erst 1893 erhielt Eberstadt ein Pumpwasserwerk und die Häuser bekamen Wasserleitungen. Vogelstimmen vermischen sich mit Wassergeplätscher: Das Hetterbachtal ist ein Dorado für die gefiederten Sänger, aber auch für Ponys, die dort in Koppeln gehalten werden.

An der Wegekreuzung, wo ein Schild auf den Prinzenberg (links) hinweist, geht es rechts nur

Melitabrunnen

wenige Schritte weiter zum **Melitabrunnen** am Beginn des Woogswegs. Drei Stufen führen zur Quelle hinab, der Mund eines angedeuteten Kopfes spuckt Wasser, es fließt ab durch ein Gitter und speist den Hetterbach. Die Jahreszahl 1894 am oberen Brunnenteil erinnert nicht nur an die Fertigstellung des Brunnenbaus, sondern auch an die Hochzeit von Großherzogin Viktoria Melita von Edinburgh (1876–1936) mit Großherzog Ernst Ludwig (1868–1937). Ihre gemeinsame Großmutter, Queen Victoria von England, hatte die am 19. April 1894 in Coburg geschlossene Ehe arrangiert. Doch Cousin und Cousine wurden nicht glücklich miteinander. Ihr einziges Kind, das „Prinzesschen" Elisabeth (1895–1903) starb überraschend während einer Reise zur Zarenfamilie in Russland. Nach dem Tod von Queen Victoria im Jahr 1901 ließ sich das Paar sofort scheiden. Kaum war Melita

Route 17 – Zum Melitabrunnen und zum Prinzenberg

Freundeskreis Eberstädter Streuobstwiesen

Telefon 5 32 89
www.streuobstwiesen-eberstadt.de

in Ungnade gefallen, wurde ihr Name aus dem Stadtbild getilgt. Nach ihr waren ein Verein, eine Straße (heute: Prinz-Christians-Weg) und eine Heilstätte benannt worden. Nur das Melita-Brünnchen scheint bei dieser Säuberungsaktion übersehen worden zu sein.

Sein Wasser ist so rein, weich und wohlschmeckend, dass es sich viele Eberstädter mit dem Fahrrad kanisterweise abholen, um damit ihren Tee oder Kaffee zuzubereiten. Fischbesitzer nutzen es für ihre Aquarien. Eine Bank lädt zum Verweilen an diesem idyllischen Ort ein.

Wir folgen dem Schild zum **Prinzenberg**. Der Weg führt steil nach oben zu einer Wiese mit herrlichem Panoramablick auf Melibokus und Eberstadt. Bei guter Sicht ist sogar die Pfalz zu erkennen. Auf dieser Anhöhe picknicken oft die Eberstädter Familien. Kinder toben sich auf einem Spielplatz aus oder lassen Drachen steigen; im Winter wird der Prinzenberg zur Schlittenbahn. Auf dem abwärts führenden Weg gelangen wir wieder zurück zum Steckenbornweg und kommen vorbei am Gelände des Vereins Freundeskreis Eberstädter Streuobstwiesen, der sich um die Instandhaltung dieser besonderen Landschaft kümmert. Mit zahlreichen, vor allem Kinder ansprechenden Aktionen weist er auf ihre Flora und Fauna hin. Seit 1995 werden Heidschnucken und Coburger Fuchsschafe zur Beweidung eingesetzt.

Petra Neumann-Prystaj

Route 18 – Wissenschaft und Technik

Route 18 – Wissenschaft und Technik

Wir beginnen unsere Route im Stadtteil Wixhausen mit dem **GSI Helmholtzzentrum für Schwerionenforschung**. Seit seiner Gründung im Jahr 1969 wurden hier sechs neue Elemente entdeckt, darunter Element 110 Darmstadtium. Mittels Teilchenbeschleunigungsanlagen werden im Helmholtzzentrum Grundlagenuntersuchungen im Bereich der Kern- und Atomphysik bis hin zu Materialforschung sowie Biophysik unternommen. Parallel dazu wurde eine neue Behandlungsmethode mit schweren Ionen für Tumorerkrankungen entwickelt und seit 1997 erfolgreich eingesetzt. In den kommenden Jahren wird bei GSI das neue internationale Beschleunigungszentrum FAIR (Facility for Antiproton and Ion Research) entstehen, eines der größten Forschungsvorhaben weltweit. Mittels eines Doppelringbeschleunigers mit 1.100 Metern Umfang soll unter anderem die ,Starke Kraft' – die fundamentale Wechselwirkung, welche die Atomkerne zusammenhält – untersucht werden.

HEAG mobilo GmbH
Depot Kranichstein

Jägertorstraße 155
64291 Darmstadt

Besichtigungen auf Anfrage
Telefon 06151-709-4157
www.heagmobilo.de

Von Wixhausen in Richtung Darmstadt Stadtmitte erreichen wir den Stadtteil Arheilgen. Hier biegen wir zunächst nach links ab in die Messeler Straße und unternehmen einen Abstecher zum **Eisenbahnmuseum Darmstadt-Kranichstein** – einem der größten Eisenbahnmuseen in Europa. Eingerichtet im alten Bahnbetriebswerk, das 1898 von der preußisch hessischen Staatseisenbahn errichtet wurde, zählen heute über 40 Triebfahrzeuge und mehr als 150 Wagen zu seinem Bestand.

Gleich gegenüber vom Eisenbahnmuseum – in der Gleisschleife der Straßenbahn – liegt das **Depot Kranichstein**. Die Abstellhalle errichtete

Die älteste betriebsfähige elektrische Straßenbahn in Darmstadt

die HEAG mobilo anlässlich ihres 100. Jubiläums im Jahr 2012 zum Erhalt ihrer historischen elektrischen Straßenbahnen. Die Sammlung der HEAG-Bahnen umfasst derzeit rund ein Dutzend Fahrzeuge und kann nach vorheriger Anmeldung besichtigt werden.

Von dort, entlang der Jägertorstraße, gelangen wir zum Institutszentrum und sehen vor uns das traditionsreiche **Fraunhofer-Institut für Betriebsfestigkeit und Systemzuverlässigkeit LBF**. Bereits in den 1930er Jahren wurde in Darmstadt der wissenschaftliche Grundstein zur Prüfung und Bewertung aller sicherheitsrelevanten Bauteile wie Automobilräder, LKW-Achsen oder Wagenkästen von Schienenfahrzeugen gelegt.

Fraunhofer-Institut für
Betriebsfestigkeit und
Systemzuverlässigkeit LBF

Bartningstr. 47
64289 Darmstadt

Tel. 0 6151 - 70 50
www.lbf.fraunhofer.de

Ganzfahrzeugprüfstand im Fraunhofer LBF in Kranichstein.

Möglichst leichte und dennoch für die geforderte Einsatzdauer zuverlässige Konstruktionen und Bauweisen zu schaffen, ist das Grundthema der Betriebsfestigkeit. Ein Team von 500 Mitarbeitern arbeitet auf dem Campus an der Bartningstraße interdisziplinär zusammen. In den Versuchshallen stehen beispielsweise Prüfmaschinen für komplette Fahrzeuge. Hier werden Industrieaufträge und auch Forschungsaufgaben ausgeführt. Zum Beispiel entwickeln Adaptroniker aktive Sensoren zur Überwachung von Flugzeugen oder zur Lärmminderung. Für die Elektromobilität entstehen moderne Mobilitätskonzepte sowie ein neues, großes Batterieprüfzentrum. Der Bereich Kunststoffe ist in der Schlossgartenstraße angesiedelt.

bauverein AG

Siemensstraße 20
64289 Darmstadt

Tel. 0 6151 - 2 81 54 44
www.bauvereinag.de

Wir folgen wieder der Jägertorstraße und nähern uns der Siemensstraße, in der die **bauverein AG** Darmstadt ihren Sitz hat. Eine Gruppe von neun Darmstädtern gründete auf Anregung des Adjutanten von Erbprinz Ludwig, Paul von Westerweller, 1864 den „Bauverein für Arbeiterwohnungen", um preisgünstige Wohnungen für Arbeiter und Handwerker bereitzustellen. Bis heute versteht sich die bauverein AG als

Wohnungsunternehmen, das breite Bevölke-
rungsschichten mit angemessenem Wohnraum
versorgt. Zugleich entstanden, vor allem nach
dem Zweiten Weltkrieg, stilistisch herausragende Beispiele zeitgenössischer Architektur. Dazu
gehört das von Ernst Neufert am Fuße der Mathildenhöhe 1955 in der Reihe der Darmstädter
Meisterbauten errichtete Ledigenwohnheim.

In den 1990er Jahren entwickelte das Institut
Wohnen und Umwelt zusammen mit dem Archi-
tekturbüro Bott, Ridder und Westermeyer ein
Modellprojekt in Kranichstein, das experimen-
tellen Wohnungsbau ermöglichen sollte. Nicht
weit von hier entfernt am Carsonweg befinden
sich die ersten vier **Passivhäuser** Deutschlands
die Anfang der neunziger Jahre entstanden.
Die Häuser sind stärker gedämmt als übliche
Wohnhäuser, wodurch Wärmeverluste stark
reduziert werden und sie daher ohne aktives
Heizsystem auskommen. Die restliche Energie wird „passiv" gewonnen: Sonnenenergie
und die vorhandene Wärme im Haus werden
genutzt. Jedes Haus ist mit einer individuell
regelbaren Be- und Entlüftungsanlage ausge-

Zentrale der bauverein AG

stattet. Dabei wird die Wärme der verbrauchten Luft zurück gewonnen. Im Jahre 2010 wurde mit dem **Projekt „WohnArt3"** das erste von der bauverein AG realisierte Passivhaus an seine Mieter übergeben. Das Mehrgenerationen-Wohnprojekt war gemeinsam mit den Mietern geplant und entworfen worden.

Merck

Frankfurter Straße 250
64293 Darmstadt

Tel. 06151 72-0
www.merck.de/darmstadt

Wir kehren zurück nach Arheilgen, wenden uns nach Süden und erreichen an der Frankfurter Landstraße das **Chemie-, Pharma- und Life-Science-Unternehmen Merck**. Seine Wurzeln gehen auf das Jahr 1668 zurück. Merck ist damit das älteste chemisch-pharmazeutische Unternehmen der Welt. Heute zählt die größte Unternehmenssparte, Merck Serono, zu den größten biopharmazeutischen Unternehmen Europas. Sie ist Weltmarktführer bei Arzneimitteln zur Behandlung der Unfruchtbarkeit und führend bei Medikamenten gegen Multiple Sklerose sowie Darmkrebs. Bei den Chemieprodukten stechen Flüssigkristalle von Merck hervor. Die Substanzen sorgen für die brillante Bildqualität beispielsweise von LCD-Fernsehern, Monitoren, Mobiltelefonen und Tablet-Computern. Auf dem

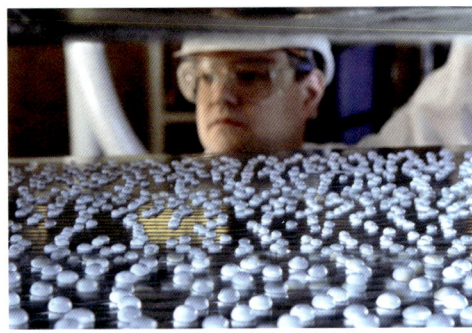

Der Erstarrungsprozess von Natriumhydroxid-Plätzchen

Waldspirale

Gebiet der Flüssigkristalle ist Merck weltweit Markt- und Technologieführer.

Wir folgen der Frankfurter Landstraße und kommen am Nordbad vorbei. Links von uns erstreckt sich das Bürgerparkviertel. In der Friedberger Straße realisierte die Darmstädter Bauverein AG bis September 2000 den fantasievollen Wohnkomplex **Waldspirale** mit 105 individuellen Wohnungen. Der Wiener Künstler, Ökologe und Architekt Friedensreich Hundertwasser hat ein buntes, spiralförmig angeordnetes, organisch anmutendes Gebäude entworfen, das sich aus der Erde herauszudrehen scheint. Bäume wachsen auf dem ansteigenden Dach, jedes Fenster ist ein Unikat, kein rechter Winkel ist zu sehen.

Auf der rechten Seite der Frankfurter Straße sehen wir das Gebäude der **HSE**. Die HSE ist mit ihrer Vertriebstochter ENTEGA ein wichtiger regionaler Energie- und Infrastrukturdienstleister in Deutschland und ein bedeutendes hessisches Unternehmen. Im Frühjahr 2008 wurde von der HSE das **NATURpur Institut** als gemeinnützige GmbH gegründet, dessen Aufgabe die Förderung des Umwelt- und Klimaschutzes ist.

Zentrale der HSE

HEAG Südhessische
Energie AG (HSE)

Frankfurter Straße 110
64293 Darmstadt

Tel. 06151-701-0
www.hse.ag

Das NATURpur Institut möchte einen Beitrag dazu leisten, Stadtstrukturen zu etablieren, die dauerhaft eine hohe Lebensqualität ermöglichen. Dazu gehören die Ausrichtung des Energiesystems auf regenerative Energien und Energieeffizienz, kurze Wege in den Stadtquartieren, ein vernetztes und nachhaltiges Mobilitätsangebot, eine lebendige Gestaltung des ökologischen Lebensraums und die Förderung des Nachhaltigkeitsgedankens im Konsumverhalten. Das NATURpur Institut will diese Vision beflügeln und als Impulsgeber für die Umsetzung der Idee „Green City" eintreten. Durch die Unterstützung von interdisziplinären Forschungsprojekten soll ein entscheidender Beitrag zur Entwicklung einer konzeptionellen Basis hierfür geleistet werden.

Geradeaus weiter die Frankfurter Straße entlang kommen wir bald an der Abgrenzungsmauer zum Herrngarten vorbei. Dahinter befindet sich der Campus Innenstadt der **Technischen Universität Darmstadt**, die 25.000 Studierende zählt. Schon Albert Einstein empfahl die Hochschule vor rund 100 Jahren als gute Adresse.

Route 18 – Wissenschaft und Technik

TU Darmstadt

Karolinenplatz 5
64289 Darmstadt

Tel. 06151-1601
www.tu-darmstadt.de

Berühmt ist die Universität bereits seit dem Jahr 1882, als sie den Physiker Erasmus Kittler auf den weltweit ersten Lehrstuhl für Elektrotechnik berief. Im Jahr 1913 erhielt hier Jovanka Bontschits ihre Abschlussurkunde – sie war die erste Diplom-Ingenieurin in Deutschland. Die TU Darmstadt gehört zu den führenden Technischen Universitäten in Deutschland und genießt bei Themen wie Energie, Mobilität, Kommunikation oder Bauen international hohes Ansehen. Seit dem Jahr 2005 ist sie eine autonome Modell-Universität mit hoher Selbstständigkeit und Eigenverantwortung. Studierende der TU haben in den USA das architektonisch attraktivste Solarhaus gebaut, das mehr Energie erzeugt als es verbraucht. Fußball spielende Roboter der TU Darmstadt haben in den vergangenen Jahren in ziemlich allen Klassen die Weltmeistertitel abgeräumt. Die Maschinenbauer entwickeln unfallvermeidende Autos, die Physiker holen extreme Bedingungen des Universums ins Labor.

Klinikum Darmstadt GmbH

Grafenstr. 9
64283 Darmstadt

Tel. 06151-107-0
www.klinikum-darmstadt.de

Wir biegen nach rechts in die Bismarckstraße ein. Links von uns liegt das **Klinikum Darmstadt,** in dem 21 verschiedene Fachkliniken und Institute interdisziplinär zusammenarbeiten. Mediziner unterschiedlicher Fachrichtungen tauschen sich in Arbeitskreisen aus und beraten gemeinsam über die jeweils beste Behandlung eines Patienten. Als akademisches Lehrkrankenhaus der Wolfgang-Goethe-Universität in Frankfurt und des Universitätsklinikums Heidelberg-Mannheim ist das Klinikum Darmstadt auch ein Ort für Forschung und Ausbildung. Jüngste Forschungsergebnisse sind hier stets präsent.

Brückenpforte, Tor 2

Von hier aus geradeaus weiter und dann nach rechts erreichen wir in der Kirschenallee eines der weltweit führenden Unternehmen der Spezialchemie: die **Evonik Industries AG**. Die historischen Wurzeln reichen bis in die Anfänge der deutschen Industriegesellschaft zurück. 1909 legte Dr. Otto Röhm den Grundstein für den Standort Darmstadt. Für die außergewöhnliche Erfindung von PLEXIGLAS® erhielt man 1937 auf der Weltausstellung in Paris die Goldmedaille. In seiner mehr als 100 jährigen Geschichte hat der Standort Darmstadt von Evonik einen enormen Wandel erlebt. Die Aktivitäten am Standort Darmstadt sind heute wichtige Bestandteile des Portfolios von Evonik.

Evonik Industries AG

Kirschenallee
64293 Darmstadt

Tel. 06151-180
www.evonik.de

Wir kehren zurück zur Kasinostraße und gelangen zur Kreuzung Rhein-/Neckarstraße. Wenn wir hier geradeaus weiter ein langes Stück der Straße folgen bis zum Stadtteil Eberstadt, dann kommen wir zur Uhlandstraße, wo die **Software AG** ihren Unternehmenssitz hat. Im Jahr 1969 gründeten sechs junge Mitarbeiter des Instituts für Angewandte Informationsverarbeitung das Softwareunternehmen, das zu den Technolo-

Software AG

Uhlandstraße 12
64297 Darmstadt

Tel. 06151-920
www.softwareag-com

giführern im Bereich Unternehmenssoftware zählt und mit rund 5.300 Mitarbeiterinnen und Mitarbeitern an über 70 Standorten weltweit vertreten ist. Bereits 1971 wurde die erste Version einer Hochleistungsdatenbank, die für schnelle und flexible Bereitstellung von Informationen sorgt, kommerziell eingesetzt.

Fraunhofer-Institut für Sichere Informationstechnologie

Rheinstraße 75
64295 Darmstadt

Tel. 06151-869100
www.sit.fraunhofer.de

Wir folgen der Rheinstraße und erreichen an deren rechter Seite das **Fraunhofer-Institut für Sichere Informationstechnologie.** Die Geschichte des Instituts beginnt 1961, als der Bund das Deutsche Rechenzentrum einrichtete – Computer gab es an deutschen Universitäten damals noch nicht und so entstand hier das erste Rechenzentrum der Republik, das zu Forschungszwecken genutzt werden konnte. Nachdem es möglich geworden war, Rechner miteinander zu verbinden, konzentrierte man sich Anfang der 1970er Jahre auf die Kommunikation der Rechner untereinander. So konnten Ressourcen gebündelt und Arbeits-

DRZ | 1961

Fraunhofer SIT | 2014

gruppen vernetzt werden. Allmählich fing das Institut an, sich mit den Anwendungen moderner Kryptographie und deren Nutzung für elektronische Transaktionen zu beschäftigen. Ende der 1980er Jahre entstanden die ersten wirtschaftsgeförderten Projekte mit Siemens, Nixdorf und der Deutschen Bundespost. Im Jahr 2004 fokussierte sich das Fraunhofer SIT dann vollständig auf IT-Sicherheit. Heute beschäftigen sich die Forscher mit Fragestellungen zu Datenschutz, digitalen Identitäten und dem Schutz von Geräten und Anlagen, zum Beispiel der sicheren Kommunikation zwischen den Autos der Zukunft.

Das **Institut Wohnen und Umwelt,** kurz IWU, hat seit 2011 seinen Sitz ebenfalls in der Rheinstraße. Das ehemalige Verwaltungsgebäude aus den 1960er Jahren wurde modernisiert und auf Passivhausstandard gebracht. Die gemeinnützige Forschungseinrichtung hat 1971 ihre Arbeit aufgenommen. Das IWU leistet in den Forschungsfeldern Wohnen und Energieeffizienz seinen Beitrag zur gesellschaftlichen Entwicklung. Es unterstützt die Umsetzung seiner Forschungsergebnisse mit Hilfe von praxisorientierten Konzepten sowie mit Vorschlägen zur Veränderung von gesellschaftlichen Rahmenbedingungen. Das Spektrum der Auftraggeber und Kooperationsnetze erstreckt sich von den Kommunen bis auf die Ebene der Europäischen Union.

Linksseitig, etwas zurückliegend befindet sich die **Hochschule Darmstadt,** eine der größten Hochschulen für Angewandte Wissenschaften in Deutschland. Die hier angewandte Forschung und Entwicklung bereichert das Studium mit

Institut Wohnen und Umwelt
Forschungseinrichtung
des Landes Hessen und
der Wissenschaftsstadt
Darmstadt

Rheinstraße 65
64295 Darmstadt

Tel. 06151-29040
www.iwu.de

Mozartturm

Europäisches Satelliten-
kontrollzentrum

Besichtigung
bitte erfragen unter:
Individuell 0 6151 - 13 45 35
Gruppen 0 6151 - 13 45 16
Email: TBC@darmstadt.de
www.esa.int/esoc_de

praxisnahen Projekten und stärkt die international orientierten Wirtschaftsunternehmen
der RheinMain-Region durch Technologie- und
Wissenstransfer.

Am ehemaligen Richthofenbunker, genannt
‚Mozartturm' – da sich in dem Bunker der Mo-
zartverein befand – biegen wir rechts in den
Dreifalttorweg ein und gleich darauf links in die
Robert-Bosch-Straße. Wir kommen vorbei am
Technologie und Innovationszentrum, kurz TIZ,
das von der Innovationsgesellschaft Darmstadt
betrieben wird und ein Zentrum ist für alle, die an
Gründung und Aufbau eines eigenen technolo-
gieorientierten Unternehmens interessiert sind.
Ebenfalls in der Robert-Bosch-Straße befindet
sich seit 1967 Europas Tor zum All – genauer
gesagt hat hier das **Europäische Satelliten-
kontrollzentrum der ESA – European Space
Agency** seinen Sitz. Von hier aus werden der
Betrieb sämtlicher ESA-Satelliten und das dazu
notwendige Netz an Bodenstationen operatio-
nell betreut. Geleitet werden wissenschaftliche
Satellitenmissionen wie Mars Express und Ve-
nus Express oder Erdbeobachtungsmissionen
wie Cryosat und SWARM. Mit Rosetta wurde
2004 zum ersten Mal eine Raumsonde auf eine
Langzeitmission zur Erforschung und Landung
auf einen Kometen geschickt. Auch die Steuerung der Raumsonde Giotto zum Rendezvous
mit dem Kometen Halley im Jahr 1986 war ein
spektakulärer Erfolg. Ein weiterer Arbeits-
schwerpunkt des Satellitenkontrollzentrums
liegt auf der Entwicklung von Software für die
Steuerung von Satelliten, der Verarbeitung von
Satellitendaten sowie der Entwicklung von Si-
mulationsprogrammen.

Wir kehren zur Rheinstraße zurück, überqueren sie und erreichen gleich rechts die 1986 gegründete Darmstädter Zentrale der **europäischen Organisation für meteorologische Satelliten, EUMETSAT**. Die europäische Organisation für die Nutzung meteorologischer Satelliten ist eine zwischenstaatliche Organisation mit derzeit 27 europäischen Mitgliedsstaaten. EUMETSAT betreibt gegenwärtig die geostationären Satelliten Meteosat-8, -9 und -10 über Europa und Afrika sowie Meteosat-7 über dem Indischen Ozean. Ausserdem zwei polarumlaufende Metop-Satelliten als Bestandteil des Initial Joint Polar System (IJPS) mit der US National Oceanic and Atmospheric Administration (NOAA). Der polarumlaufende Wettersatellit Metop-B liefert seit April 2013 operationelle Daten. Er ersetzt Metop-A, Europas ersten polarumlaufenden Wettersatelliten, der im Oktober 2006 gestartet wurde. Metop-A wird solange in Betrieb bleiben, wie seine verfügbaren Kapazitäten sinnvoll für die Nutzer eingesetzt werden können. Der Meeresbeobachtungssatellit Jason-2, der gemeinsam mit NOAA, NASA und CNES betrieben wird, erweitert die bisherige Palette von EUMETSAT um Daten zum Seegang, zu den Meeresströmungen und den Veränderungen des Meeresspiegels. Die Daten und Produkte der EUMETSAT-Satelliten leisten einen bedeutenden Beitrag zur Wettervorhersage und Überwachung der Umwelt und des globalen Klimas.

Europäische Organisation für die Nutzung meteorologischer Satelliten

Besichtigung bitte erfragen unter: Press@eumetsat.int www.eumetsat.int

Die Straße Am Kavalleriesand ein Stück weiter und dann nach rechts kommen wir zur ‚**Telekom-City'**. In diesem Bereich waren ab 1949 das Posttechnische Zentralamt und das Fernmeldetechnische Zentralamt FTZ angesiedelt.

Von 2002 bis 2005 entstand an Stelle des ehemaligen FTZ die ‚Telekom-City‘, mit mehreren Einrichtungen der Telekom, unter anderem der Internettochter T-Online. Derzeit entsteht bis 2014 auf einer Fläche von rund 20 Hektar das **Technologiezentrum Rhein Main Deutsche Telekom AG,** ein Business- und Technologiepark mit 25 hochmodernen Bauprojekten. Mit vielen Grünflächen, einem umfangreichen Dienstleistungsangebot, das vom Ärztezentrum über Kindertagesstätten bis hin zu Erholungsmöglichkeiten reicht, verspricht es ein nach dem Work-Life-Balance-Konzept arrangiertes Arbeitsumfeld zu werden.

Wir kehren zurück zur Rheinstraße, der wir weiter folgen und Griesheim erreichen. Links führt die Flughafenstraße zum **August-Euler-Flugplatz**. Im Jahr 1908 hatte der Luftfahrtpionier August Euler auf dem Griesheimer Sand den ersten amtlich anerkannten Flugplatz Deutschlands betrieben. Von 1945–1992 nutzte die US-Army mit Hubschraubern das Flugfeld. Ein Großteil des Geländes ist seit 1996 Naturschutzgebiet. Zusammen mit der TUD hat die **Hessische Gesellschaft für Ornithologie und Naturschutz** hier eine Dauerausstellung eingerichtet. Der verbleibende Teil wird von der Technischen Universität Darmstadt genutzt. Lichttechniker testen hier zum Beispiel, wie stark neu entwickelte LED-Rücklichter blenden, Aerodynamiker untersuchen an zwei Motorseglern, wie sich verschiedene Einflussfaktoren unter realen atmosphärischen Bedingungen auf die Umströmung der Flugzeuge auswirken, und Geodäten nutzen den Platz, um neue Anwendungen von Satellitennavigationssystemen zu entwickeln.

Gleich neben dem Flugplatz besitzt die TU Darmstadt mit dem **Windkanal,** entstanden 1935/36, auf dem Gelände der Deutschen Forschungsanstalt für Segelflug, eine Versuchsanlage für aerodynamische Forschungsarbeiten des Fachgebiets ‚Strömungslehre und Aerodynamik‘.

Südwestlich vom August-Euler-Flugplatz befindet sich das **Institut für biologisch-dynamische Forschung**. Das Institut wurde 1950 gegründet und ist somit die älteste Forschungseinrichtung zum ökologischen Landbau. Zu ihrem Betätigungsfeld gehört zum Beispiel die vergleichende Untersuchung von biologisch-dynamischen, organischen und mineralischen Düngemitteln in Bezug auf Bodenfruchtbarkeit, Ertrag und Nahrungsqualität. Weitere Arbeitsschwerpunkte liegen in der Erforschung biologischer Rhythmen in Verbindung mit Pflanzenwachstum, in der Entwicklung biologischer Verfahren von Pflanzenschutz und der Auswahl und Züchtung geeigneter Sorten für den organischen Landbau.

Grundlage für diese Route ‚Wissenschaft und Technik‘ ist die Hörtour ‚Wissenschaftslinie 4‘, eingerichtet für die Straßenbahnlinie Nr. 4 von Kranichstein bis Griesheim. Zwischen Darmstadt und Griesheim fährt die Straßenbahn auf der Trasse der alten Dampfstraßenbahnlinie, die von 1886 bis 1922 hier verkehrte. Seit 1926 fährt die Bahn auf dieser Strecke elektrisch. Der Endpunkt ist in Griesheim an der alten Wagenhalle, die 1928 errichtet wurde. Heute befindet sich hier ein beliebtes Kulturzentrum, in dem Konzerte und Theatervorstellungen stattfinden.

Eine Hörtour entlang der Linie 4 informiert über viele Wissenschafts- und Forschungseinrichtungen.

Hörtour
unter
Tel. 0 89-210 833 7130 · 01
www.linie4.tomis.mobi

Von **Forschungsgruppe**
bis **Erbsensuppe**

Ob Sport, Kultur oder Schule:

Merck fördert sein Umfeld in vielen Bereichen – und unterstützt zum Beispiel den naturwissenschaftlichen Unterricht verschiedener Schulen sowie das DRK Arheilgen.

www.merck.de/darmstadt

Route 19 – Der Darmstädter Waldkunstpfad

2,6 km

Route 19 – Internationaler Waldkunstpfad

Waldkunstpfad-Wegweiser

Der Internationale
Waldkunstpfad

Haltestelle Marienhospital
Bus R

Er könnte weltweit einzigartig sein: der Internationale Waldkunstpfad. Über ein bewaldetes Areal zwischen Böllenfalltor und Ludwigshöhe (wo schon Goethe auf Besuchen bei seinem Freund Johann Heinrich Merck lustwandelte) sind Dutzende Kunstwerke verstreut, hinterlassen von Künstlern aus aller Herren Länder. Für die Freiluftgalerie verantwortlich zeichnet der 2002 gegründete Verein Waldkunstpfad, der beseelt ist vom Ziel, „die künstlerische Auseinandersetzung mit dem Naturstandort Wald" zu fördern. Um das einzulösen, lädt Kuratorin Ute Ritschel alle zwei Jahre Künstler zu einem dreiwöchigen Symposium unter wechselndem Motto ein, wo jeder – in Abstimmung und mit Hilfe des Forstamts Darmstadt – seine Waldkunst-Vision realisieren kann, vorzugsweise mit vor Ort vorgefundenen Materialien. Es versteht sich, dass herkömmliche Leinwandmalerei hier keine Rolle spielt. Aber auch die auf bis heute sechs Waldkunst-Biennalen entstandenen Skulpturen, Installationen und Objekte haben sich als unterschiedlich widerstandsfähig gegenüber den Wechselfällen von Wetter, Temperatur, Jahreszeit gezeigt – was im Sinne des Projektkonzepts liegt und den Werken durchaus einen zusätzlichen Reiz verleihen kann.

Für unsere Tour konzentrieren wir uns auf eine Auswahl robusterer Beispiele, die man, unterstützt von den Waldkunstpfad-Hinweisschildern (grünes Baum-Symbol auf Weiß), auch in ein paar Jahren noch vorzufinden hoffen darf. Sie beginnt an der Waldkunst-Infotafel an der Kreuzung Herrgottsbrunnenweg und Alte Bogenschneise. Wir halten uns zunächst links auf einem Weg, der sporadisch an Baumstämmen markiert ist mit gelber 3 im Kreis. Gleich hinter

‚The Sound of a Hundred Years', Ko Seung Hyun

der nächsten Kreuzung links stoßen wir auf ‚**Te-
moins du temps – Zeit Zeuge'** von Jems Koko Bi
(Elfenbeinküste): sieben hölzerne Riesenfüße,
angeordnet zu einem Kreis wie von Einzelschrit-
ten. Wenn dieser, um seine Wirkung ähnlich der
eines magischen Rings zu entfalten, vom Besucher getrost betreten werden sollte, gilt das für
viele Stationen des Waldkunstpfads – sie sind
auf aktives Erleben angelegt, heute gern ‚Publi-
kumspartizipation' genannt. Kurz vor der nächsten Kreuzung lockt rechts ein tatsächlich be-
spielbares ostasiatisches Musikinstrument: die
über ein Stück ausgehöhlten Baum gespannte
Zither von Ko Seung Hyun (Korea), getauft auf
‚**The Sound of a Hundred Years'**. Schräg gegenüber am Hang erstaunt, hoch und fest verzurrt
zwischen Astgabeln, mögen seine losen Latten
noch so im Wind klappern, das schwebende
‚**Luftschloss'** von Anne Berlit (BRD). Anstatt
jetzt schon rechts in den Ludwigshöhpfad ein-
zuschwenken, gehen wir geradeaus weiter.

‚Forest House', Joan Backes

So nämlich können wir rechts des Weges das ‚**Forest House**' nicht übersehen, zu dem Joan Backes (USA) sich inspirieren ließ, als sie hörte, dass die Brüder Grimm in Hessen aufgewachsen sind: eine liebevoll aus aufgesammeltem Knüppelholz statt Lebkuchen errichtete Wohnstatt, durch deren Wände freilich genug Zugluft dringt, um jede Hexe im Winter so mit Lungen- und Blasenentzündungen heimzusuchen, dass es ihr den Appetit auf Kinderfleisch verschlägt. Bevor wir nach rechts abbiegen, passieren wir übrigens links den Herrgottsberg, überzogen von schroffen dunklen Basaltausbrüchen sowie einen Findlingsstein mit einer darin eingebetteten Bronzetafel. Quasi inoffizieller Teil des Waldkunstpfads, trägt das Kulturdenkmal einen mit der Zeile „Ich irrer Wandrer ..." beginnenden Auszug aus dem ‚Fels-Weihegesang an Psyche', darin Johann Wolfgang Goethe 1772 seinen Naturerfahrungen an dem Ort Ausdruck gab, der heute mit den Namen Goethe-Felsen und Goethe-Teich an ihn erinnert.

Sind es Naturerfahrungen so völlig anderer Art, die uns zufallen, wenn wir jetzt (Wegmarkierung: gelbe 1 im Kreis) südwärts laufen und auf die ersten ‚**Forest Fairy**' von Wiktor Szostalo (Polen) stoßen, ein Flügelwesen im mit Leuchtfarbe-Akzenten aufgemotzten Reisigrock, das einem aus dem Dickicht förmlich entgegensprießt? Weitere Waldgeister sind übers Waldkunst-Gelände verteilt. Kurz darauf folgt, von Anjali Göbel (BRD) aus Brombeerranken dicht geflochten wie eine mittelalterliche Brustwehr, ihr ‚**Dornenturm**' an einer Kreuzung, die uns jedoch nicht in unserer Südrichtung beirrt. Der Weg steigt leicht an. Und wenn er nun eine Weile mit keinen markanten Kunststationen aufwartet, dann auch deswegen, weil von manchem, was bei früheren Biennalen entstand, nur noch ein moderndes Relikt übrig ist, das sich der wildwüchsigen Umgebung von Jahr zu Jahr mehr angleicht. Aber auch die ist der Aufmerksamkeit des Besuchers wert, mit Pilzkolonien auf morschem Bruchholz, Ameisenburgen und gelegentlich einem alten Grenzstein. Immerhin gilt es die Augen offenzuhalten für das nach Plänen von Moritz Dornauf (BRD) kürzlich errichtete ‚**Waldkunstdorf**‘, dessen drei rote Schindeldächer irgendwann rechter Hand durch die Baumstämme zu leuchten beginnen. Ein hangabwärts mitten im Waldkunst-Gelände gelegener Ort, wo die Gäste künftiger Symposien, aber auch andere Gruppen an regengeschützten Tischen und Bänken vespern,

‚Dornenturm‘, Anjali Göbel

‚Forest Fairy‘, Wiktor Szostalo

Route 19 – Internationaler Waldkunstpfad

‚Flower Trail', Won Gil Jeon

‚Strange Fruit', Volker Eschmann

diskutieren, ausruhen können. Und schon gilt es wieder nach vorne zu gucken! An einer Gabelung wählen wir den mit rotem S auf weißem Grund gekennzeichneten Weg links, auch wenn er bald zum schmalen über Wurzeln und Steine führenden Pfad wird, der ein paar unerwartete Kurven beschreibt. Nur er nämlich überrascht uns plötzlich links mit dem Anblick einer riesigen runden Holzscheibe, die Bühne zu sein scheint, möglicherweise gar Thingstätte oder Versammlungsplatz für Anhänger obskurer Rituale. Tatsächlich fand – weil Performances, Vorträge und andere Programmpunkte Teil jeder Waldkunst-Biennale sind – 2010 hier eine Tanzaktion statt, direkt unter der von Volker Eschmann (BRD) auf Drittel Stammhöhe in eine Buche gehängten erdnussförmigen Spantenkonstruktion ‚**Strange Fruit**'.

Zwar weist unsere Route mit dem roten S an der erneuten Gabelung, die wir jetzt, nach sanfter Abwärtsstrecke, erreicht haben, nach links. Trotzdem kommen wir kaum umhin um einen kurzen Blick nach rechts, auf den ‚**Flower Trail**', für den Won Gil Jeon (Korea) eine Leiste tellergroßer Holzblumen gesägt, quietschebunt bemalt und tief in den Wald hinein gezogen hat. Wirklich nach rechts führt uns der Weg erst wieder an der nächsten Gabelung. Wir müssen schon etwas genauer hinschauen, um den ,**Spiegelbaum'** von Vera Röhm (BRD) zu entdecken. Denn dafür ist ein Sechs-Meter-Stück kerzengerader Fichtenstamm erst gespalten, dann an den Innenseiten verspiegelt und neu im Boden verankert worden, so dass der reflektierte Wald optisch nahtlos in den gewachsenen Wald übergeht. Nur wer näher herangeht, sieht die eigene Reflexion – und beginnt selbst zu reflektieren über Illusion und Wirklichkeit.

,Spiegelbaum', Vera Röhm

Nochmals die gleiche Strecke, und wir wähnen uns in einem Gruselfilm, wo Riesenspinnen auf Beute lauern: Elena Redaelli (Italien) hat ein chaotisches weißes Netzgewebe und -geknüpfe hinterlassen, dessen Tentakel zwischen Bäumen, Boden und Weg hin und her zickzacken. Betitelt ist es, in aller Bescheidenheit: ,**A Little Spider Can Build Much More Complex Things'**.

,A Little Spider Can Build Much More Complex Things', Elena Redaelli

153

Es dauert eine Weile, bis man bemerkt, dass man sich auf dem Anstieg zur Ludwigshöhe befindet. Die von Mirko Canesi (Italien) hoch an einen Baumstamm gepinselte rote **Teufelsfratze** lassen wir dabei rechts liegen. Auf dem Rastplatz samt Kiosk, den die Ludwigshöhe bietet, kann, wer's nötig hat, einen Imbiss zu sich nehmen.

Oder er macht einen Abstecher, links an der Volkssternwarte vorbei, zu dem auf einem kleinen Hügel gelegenen Beitrag zum allerersten Waldkunst-Projekt, die Mixed-Media-Skulptur ‚**Memory**‘, für die Joachim Kuhlmann (BRD) ein ausrangiertes Obelisk-Grabmal aus schwarzem Granit mit prosaischen Industrie-Stahlplatten teilverschalte, die mittlerweile alle Rost angesetzt haben. Doch Vorsicht!, unsere Route macht jetzt – am 28 Meter hohen, backsteinernen Ludwigshöh-Turm von 1882 und an der mit großartiger Sicht bis zum Taunus begnadeten Panoramaterrasse – einen Knick nach Westen, ein paar Treppenstufen hinunter, wo man bald vor einer Gabelung steht, deren rechten Zweig man wählt, um abwärts am ‚**Pilz Baum**‘ von Ping Qiu (China) anzukommen, halb wüste

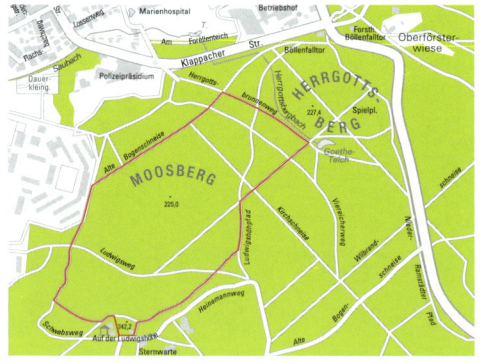

‚Pilz Baum', Ping Qiu

Balkenwucherung, halb einladender Sitzplatz rund um die Basis eines Baumes herum. Und schon geht der Weg (mittlerweile altvertraut: gelbe 3 im Kreis) scharf rechts, grob nach Norden. Für ein paar Minuten dürfen wir zwischen den Kunst-Konfrontationen verschnaufen, bis wir, jenseits der nächsten Kreuzung, rechter Hand über ein paar innovative Hinweisschilder mit schematischen Tier-Silhouetten rätseln, die John Hitchcock (USA) aufgepflanzt hat, als Reaktion auf die verlassenen US-Kasernen, die uns die ganze Zeit schon linker Hand begleiten. An der nächsten Gabelung gilt es sich halbrechts zu halten. Man betritt die Alte Bogenschneise, wo unser Parcours seinen Ausgang genommen hat. Noch beginnt sie als Hohlweg:

Route 19 – Internationaler Waldkunstpfad

‚Observed', Suzy Sureck

‚Wald-U-Boot', Roger Rigorth

Sollten Sie ein Kunstwerk nicht mehr auffinden: Die Kunstwerke werden regelmäßig überprüft und wenn nötig abgebaut.

Verein für Internationale Waldkunst e.V.

Ludwigshöhstraße 137

rechts oben die mit Fotos überdimensionaler Augen und Ohren geschmückten Stämme von Suzy Sureck (USA), die dem Spaziergänger ein Gefühl von ‚**Observed – Beobachtet**' einflößen sollen, dito rechts die von Paul Feichter (Italien) mit konischen Durchbohrungen versehenen ‚**Pfeifenbaum**'-Ruinen, sozusagen dem Herbststurm als Blasinstrumente geschenkt; links das in der Erde und im modrigen Laub wie gestrandete ‚**Wald-U-Boot**' von Roger Rigorth (BRD), das sich nach knapp zehn Jahren Existenz als ein dauerhafter Publikumsliebling erwiesen hat. Kein Wunder: sein mächtiger rundgewölbter Rumpf ist besteigbar, sein offener Kommandoturm betretbar für jedermann.   Roland Held

Verein für Internationale Waldkunst e.V.

www.waldkunst.com

Installationen, Performances, BankART, Waldkunstkonferenzen, Führungen, Workshops, Waldkunstpädagogik für alle Altersgruppen

130 Kunstwerke von int. Künstlern: Das Internationale Waldkunst Zentrum bietet Informationen und ist zugleich Galerie, Künstlerarchiv und Artist Residency.

Internationales Waldkunst Zentrum · Ludwigshöhstraße 137 · 64285 Darmstadt · Telefon +49 6151 7899537
www.waldkunst.com · info@waldkunst.com · Öffnungszeiten: Di – Fr von 10 – 14 Uhr und nach Vereinbarung

MALEREI, SKULPTUR, GRAPHIK

Ausstellungen, Vorträge, Künstlergespräche
und vieles mehr zum Thema Kunst

Galerie Netuschil

Schleiermacherstr. 8, 64283 Darmstadt
www.galerie-netuschil.net, E-Mail: info@galerie-netuschil.net
Tel.: 0 61 51–2 49 39
Di – Fr 14.30 –19.00 Uhr, Sa 10.00 –14.00 Uhr

Seit 30 Jahren
finden Sie bei uns
Skulpturen, Ölbilder,
Aquarelle, Zeichnungen,
Druckgrafiken und
Fotografien
von namhaften Künstlern
aus Deutschland,
Österreich, Italien,
Frankreich und England

Galerie Lattemann

Papiermüllerweg 7
64367 Mühltal-Trautheim
Tel. 0 61 51-14 85 88, Fax -13 68 31
info@galerie-lattemann.de
www.galerie-lattemann.de
Mi – Fr 16 – 19 Uhr,
Sa 11 –14 Uhr, So 15 –18 Uhr
Sie erreichen uns mit Bahn und Bus,
Haltestelle Trautheim

Galerie C. Klein

Klassische Moderne, Gegenwartskunst,
Malerei, Skulpturen für Innen- und
Außenräume, Zeichnung, Grafik

Schumannstr.11, 64287 Darmstadt
Tel. Fax 0 61 51-7 51 21
dr.christiane.klein@t-online.de
Do – Fr 15.00 – 18.30 Uhr,
Sa 11.00 –14.00 Uhr und nach Absprache

Atelierhaus Vahle

Vortragsreihen und Lesungen zur
Gegenwartsliteratur Osteuropas,
interdisziplinäres Symposium „Zum
Phänomen des Lichts in Wissenschaft
und Kunst"

www.atelierhaus-vahle.de

Wissenswertes, Kultur und Freizeit

Impressionen vom Darmstädter Heinerfest

DIE
DIPPEGUCKER-APP
FÜR SÜDHESSEN

Beispielrestaurant
Musterstraße 42

→ Vielfältige Suchoptionen

→ Alle Restaurants in Ihrer Standort-Nähe

→ Nutzerbewertung und Routenplanung

→ Alle Dippegucker-Kritiken im Abo

echo-online.de/KennenSieDA

UNESCO-Weltnaturerbe Fossilfundstätte Messel
Fossilien- und Heimatmuseum Messel | www.messelmuseum.de

Vor 48 Millionen Jahren führten besonders günstige Umweltbedingungen dazu, dass in einem Maarsee beim heutigen Dorf Messel zahlreiche Tiere und Pflanzen im sauerstofffreien Faulschlamm so gut konserviert wurden, dass sie bis heute buchstäblich mit Haut und Haaren erhalten blieben. Am bekanntesten sind die „Messeler Urpferdchen".

Es herrschte zur damaligen Zeit tropisches Klima und dichte Urwälder umgaben den entstandenen Maarsee. Jährlich in der Regenzeit brachte ein Fluss feinstes Tonmaterial in den See, das auf den abgelagerten Algenschlamm geschichtet wurde: es entstand eine schiefrige Struktur, der „Ölschiefer", der rund 100 Jahre lang abgebaut wurde, um daraus Rohöl herzustellen. Dabei wurden die Fossilien im Ölschiefer entdeckt. Zum Ende der Kreidezeit vor rund 65 Millionen Jahren waren die Saurier ausgestorben, und die bereits entwickelten Säugetiere konnten die freiwerdenden Lebensräume einnehmen.

Im Fossilien- und Heimatmuseum in Messel findet man einen Überblick über die hier gefundenen Pflanzen und Tiere: Fische – Lurche – Reptilien – Vögel – Säugetiere. Eine Vitrine ist den tertiären Pflanzen gewidmet. Weitere Räume zeigen die Industriegeschichte des Ölschiefer-Abbaus, die Geschichte des Ortes Messel und einen kurzen Überblick über die Erdgeschichte mit den wichtigsten Fossilien der einzelnen Epochen. Besonderer Wert wurde auch auf Fossilfundstätten gelegt, die gleich alt sind wie Messel: rund 50 Millionen Jahre.

Fossilien aus der Grube Messel – Erdgeschichte
Industriegeschichte Ölgewinnung Messel – Ortsgeschichte
Im alten Ortskern von Messel, Langgasse 2

Geöffnet: Apr–Okt täglich 11–17 Uhr
November – März: Samstag, Sonn-
und Feiertage 11–17 Uhr
Eintritt frei

Bismarck-Brunnen am Ludwigsplatz

Erdgeschichte, Natur und Kultur erleben im
Geo-Naturpark Bergstraße-Odenwald

Landschaft entdecken

Der Geo-Naturpark lädt dazu ein, eine reizvolle und geschichtsträchtige Landschaft zu entdecken, die sich auf einer Fläche von 3500 km² zwischen Rhein, Bergstraße, Odenwald, Main und Neckar erstreckt.

Sie ist geprägt von mehr als 500 Millionen Jahren bewegter Erdgeschichte, einem facettenreichen Naturraum, Jahrtausende alter Kultur und nicht zuletzt von der ursprünglichen Gastfreundschaft der Menschen, die zahlreiche Besucher anlockt.

Natur mit dem Profi

Ob Eintauchen in die Vergangenheit, Ruhe genießen, Landschaft erleben oder kulinarische Gaumenfreuden – das abwechslungsreiche Programm des Geo-Naturparks bietet besondere Einblicke in die Region.

Unter dem Motto **„Natur mit dem Profi"** gehören unvergessliche Landschaftsführungen und familiengerechte Natur- und Umweltthemen ebenso zum Angebot der Ranger wie **„Geo und Genuss"** – ideale Voraussetzungen für Entspannung und Inspiration.

Auf Spurensuche in Darmstadt ...

In den vergangenen Jahren hat der Geo-Naturpark gemeinsam mit Partnern vor Ort in Darmstadt und Umgebung eine Reihe attraktiver Angebote entwickelt, die besondere Einblicke in Erdgeschichte, Natur und Landschaft gewähren:

So kann man auf dem **Planetenweg** auf der Ludwigshöhe den unvorstellbaren Zeitdimensionen und der Faszination ferner Himmelskörper nachspüren. Am **Waldkunstpfad** (siehe auch Route 18) aktuelle wie auch vergangene Kunstwerke betrachten. Im **Bioversum** Kranichstein – zugleich das Geopark-Informationszentrum – zu lernen und zu erfahren, was biologische Vielfalt bedeutet und wie wir Menschen sie beeinflussen. Die Atmosphäre des **Goethefelsens (Geotop des Jahres 2012)** am Herrgottsberg genießen und sich mit Erdgeschichte, Natur, Kultur und Waldkunst auseinander zu setzen.

An der Peripherie von Darmstadt liegt das nördliche Geopark-Eingangstor:

Die Grube Messel:

Von der UNESCO im Jahr 1995 als Welterbestätte ausgezeichnet, bietet die Grube Messel einen faszinierenden Einblick in die Zeit und Lebewelt vor etwa 47 Millionen Jahren. Berühmt wurde der ehemalige Ölschiefer-abbau durch die einzigartig erhaltenen Fossilfunde, die maßgebliche Hinweise zur Entwicklung der Erde und des Lebens geben.

Besuchen Sie uns:

Der Geo-Naturpark Bergstraße-Odenwald ist durch seine Nähe zum Inter-nationalen Airport Frankfurt/Main aus aller Welt sehr gut erreichbar. Die Haupt-Geschäftsstelle befindet sich in Lorsch, wo alle Informationen für einen spannenden und erholsamen Aufenthalt in der Region erhältlich sind.

Kontakt und Infos:

Geo-Naturpark Bergstraße-Odenwald
Nibelungenstraße 41 | 64653 Lorsch | Telefon: 06251-707990
info@geo-naturpark.de | www.geo-naturpark.de

Das vom deutschen Alpenverein betreute Kletterzentrum Darmstadt mit einer Kletterfläche über 2000 qm, bietet mehr als 170 Routen in allen Schwierigkeitsgraden. Es gibt eine Wettkampfkletterwand, einen Boulderraum und für Kinder einen extra Kletter- und Spielbereich. Regelmäßige Kurse und Workshops werden angeboten. Ein Bistro und ein Kletterausrüstungsladen runden das Angebot ab.

Öffentlicher Personennahverkehr

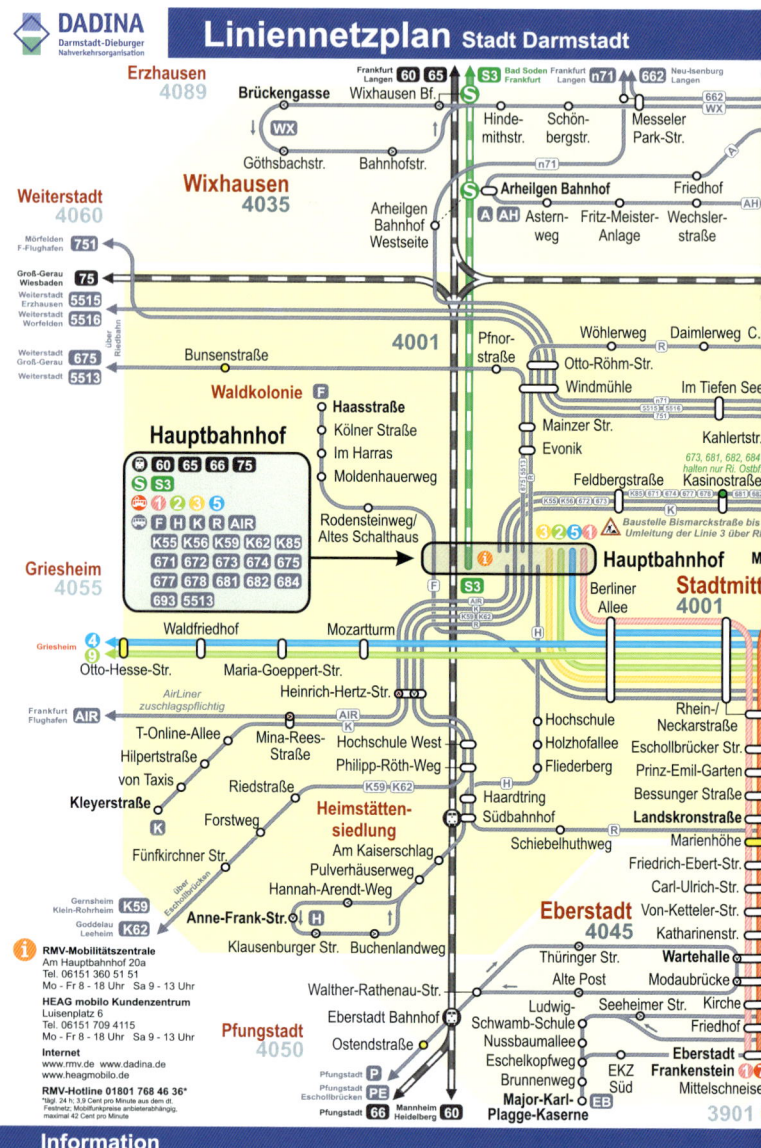

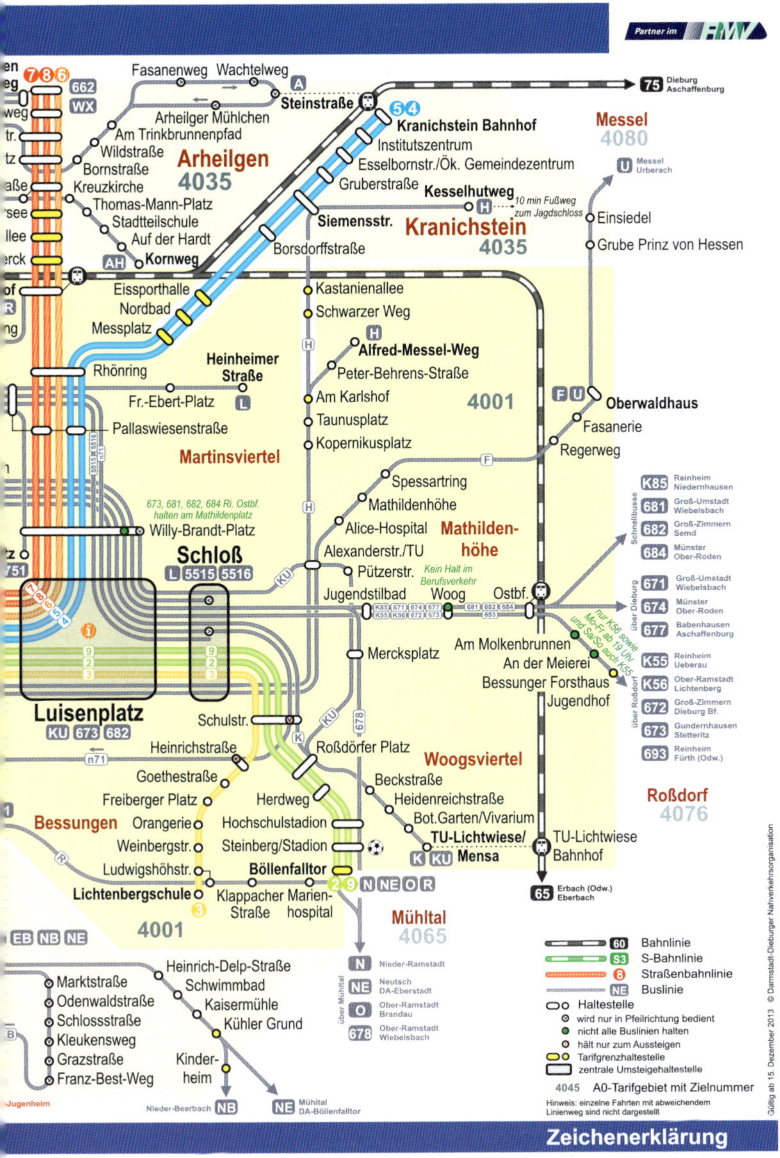

Fasanenweg Wachtelweg

A Dieburg / Aschaffenburg **75**

662 WX

Arheilger Mühlchen Steinstraße

5 4 Kranichstein Bahnhof

Am Trinkbrunnenpfad

Wildstraße

Institutszentrum

Esselbornstr./Ök. Gemeindezentrum

Messel 4080

Bornstraße

Arheilgen 4035

Gruberstraße

U Messel / Urberach

Kreuzstraße

Kesselhutweg **H**

10 min Fußweg zum Jagdschloss

Thomas-Mann-Platz

Siemensstr.

Einsiedel

Stadtteilschule

Borsdorffstraße

Kranichstein 4035

Grube Prinz von Hessen

Auf der Hardt

AH Kornweg

Eissporthalle

Kastanienallee

Nordbad

Schwarzer Weg

Messplatz

Alfred-Messel-Weg

Rhönring

Heinheimer Straße

Peter-Behrens-Straße

4001

F U Oberwaldhaus

Fr.-Ebert-Platz **L**

Am Karlshof

Fasanerie

Pallaswiesenstraße

Taunusplatz

Regerweg **F**

Martinsviertel

Kopernikusplatz

673, 681, 682, 684 Ri. Ostbf. halten am Mathildenplatz

Spessarring

Mathildenhöhe

Willy-Brandt-Platz

Alice-Hospital

Mathilden-höhe

K85 Reinheim / Niedernhausen

681 Groß-Umstadt / Wiebelsbach

682 Groß-Zimmern / Semd

684 Münster / Ober-Roden

Schloß

L 5515 5516

Alexanderstr./TU

Pützerstr.

Kein Halt im Berufsverkehr

671 Groß-Umstadt / Wiebelsbach

674 Münster / Ober-Roden

677 Babenhausen / Aschaffenburg

Jugendstilbad Woog Ostbf. **KU**

K55 671 674 677

K85 K56 681 672 673

681 682 684 693

KU

Merckplatz

Am Molkenbrunnen

An der Meierei

Bessunger Forsthaus

Jugendhof

K55 Reinheim / Ueberau

K56 Ober-Ramstadt / Lichtenberg

672 Groß-Zimmern / Dieburg Bf.

673 Gundernhausen / Stetteritz

693 Reinheim / Fürth (Odw.)

Luisenplatz

KU 673 682

Schulstr.

KU

Roßdörfer Platz

Woogsviertel

TU-Lichtwiese Bahnhof

Roßdorf 4076

n71

Heinrichstraße

K

Beckstraße

Goethestraße Herdweg

Heidenreichstraße

Erbach (Odw.) / Eberbach **65**

Freiberger Platz

Bot. Garten/Vivarium

Bessungen Orangerie

Hochschulstadion

TU-Lichtwiese/

Weinbergstr.

Steinberg/Stadion

K KU Mensa

Ludwigshöhstr.

Böllenfalltor

Lichtenbergschule

Klappacher Marien-Straße hospital

Mühltal 4065

4001

N Nieder-Ramstadt

EB NB NE

NE Neutsch / DA-Eberstadt

Heinrich-Delp-Straße

Schwimmbad

O Ober-Ramstadt / Brandau

Marktstraße

Odenwaldstraße

Kaisermühle

Kühler Grund

678 Ober-Ramstadt / Wiebelsbach

Schlossstraße

Kleukensweg

Grazstraße

Kinderheim

Franz-Best-Weg

Jugenheim

Nieder-Beerbach **NB**

NE Mühltal / DA-Böllenfalltor

Zeichenerklärung

━━━ **60**	Bahnlinie
━━━ **S3**	S-Bahnlinie
━━━ **8**	Straßenbahnlinie
━━━ **NE**	Buslinie
◦━◦	Haltestelle
◉	wird nur in Pfeilrichtung bedient
◉	nicht alle Buslinien halten
○	hält nur zum Aussteigen
◐━◑	Tarifgrenzhaltestelle
▭	zentrale Umsteigehaltestelle
4045	A0-Tarifgebiet mit Zielnummer

Hinweis: einzelne Fahrten mit abweichendem Linienweg sind nicht dargestellt

Gültig ab 15. Dezember 2013 © Darmstadt-Dieburger Nahverkehrsorganisation

Unterwegs mit Bus und Bahn

Mit Bussen und Straßenbahnen kommen Sie in Darmstadt schnell ans Ziel. Dafür sorgt ein gut ausgebautes Liniennetz mit einem dichten Taktangebot und modernen Fahrzeugen. Der Darmstädter Hauptbahnhof gilt zudem als einer der schönsten in Deutschland. Am Wochenende gibt es für Nachtschwärmer Nightliner-Verkehre bis in die frühen Morgen. Eine schnelle Verbindung zwischen dem Darmstädter Hauptbahnhof und dem Frankfurter Flughafen bietet die Busline Air (AirLiner). Sie verkehrt täglich mehr als 30 Mal.

Zentrale Haltestellen sind der Darmstädter Hauptbahnhof sowie die Haltestellen Schloß und Luisenplatz. Besonders preiswert für Kulturinteressierte ist die Darmstadt Card, die es als Ein- oder Zweitageskarte gibt. Wer mit Freunden oder Familie unterwegs ist, sollte sich nach einer RMV-Gruppentageskarte erkundigen. Für größere Gruppen ab zehn Personen gibt es Großgruppenkarten.

Fahrplan- und Tarifauskünfte

Im Internet: www.rmv.de, www.heagmobilo.de, www.dadina.de
Telefonisch: RMV-Hotline 01805 768 46 36. 14 ct/Min.,
HEAG mobilo Kundenservice 0 61 51 709 - 4115, Dadina 0 61 51 3 60 51 51
Persönlich: HEAG mobilo Kundenzentrum, Luisenplatz 6
und RMV-Mobilitätszentrale, Am Hauptbahnhof 20a

Auskünfte, Ämter und Institutionen

Tourismus-Information, Darmstadt Shop
Luisenplatz 5
Geöffnet Mo – Fr 10 – 18, Sa 10 – 16 Uhr
Apr – Sep So 10 – 14 Uhr
Tel. 13 45 13

Bürgerberatungs- und Informationszentrum
Neues Rathaus (Carree), Luisenplatz 5a
Geöffnet Mo – Do 7 – 18, Fr 7 – 15.30 Uhr
Tel. 13 23 10

Bürgerbüro Kranichstein
Tel. 96 78 48 2; Sprechzeiten nach Vereinbarung

Bezirksverwaltung Darmstadt–Arheilgen
Rathausstr. 1
Geöffnet Mo – Fr 8 – 12, Mi 14 – 18 Uhr
Do geschlossen, Tel. 13 23 98

Bezirksverwaltung Darmstadt–Eberstadt
Oberstr. 11
Geöffnet Mo – Fr 8 – 12, Mi 14 – 18 Uhr
Tel. 13 24 24

Bezirksverwaltung Darmstadt-Wixhausen
Falltorstr. 11
Mo, Di, Fr 8:30 – 12 Uhr
Mi 14 – 18 Uhr, Do geschlossen
Tel. 0 61 50 -18 49 74-0

Bürgerbüro West
Heimstättenweg 81 b
Geöffnet Mo – Fr 8 – 12, Di 14 – 16, Mi 14 – 18 Uhr
Tel. 39 12 88 19

Bürger- und Ordnungsamt
Grafenstr. 30
Sprechzeiten Mo – Fr 7.30 – 12.30, Mi 15 – 18 Uhr
Ausländerbehörde,
Staatsangehörigkeitsstelle Tel. 13 22 20
Fahrerlaubnisbehörde Tel. 13 22 32
Einwohnerwesen: Tel. 13 32 22
Pässe, Personalausweise Tel. 13 22 31, 13 30 50
Versicherungsamt Tel. 13 28 80

Kraftfahrzeugzulassungsstelle
Rüdesheimer Str. 119
Geöffnet Mo – Fr 7.30 – 12.30, Mi 15 – 18 Uhr
Tel. 13 30 45

Eigenbetrieb Abfallwirtschaft und Stadtreinigung
Sensfelderweg 33
Service-Telefonnummer 13 46 00 0

ENTEGA Point
Anmeldung für Strom, Gas und Wasser
Ludwigsplatz 9
Geöffnet Mo – Fr 9 – 18, Sa 10 – 15
Hotline 0 800 -7 80 07 77

Bauverein AG
Vermietung von frei finanzierten
und öffentlich geförderten Wohnungen.
Angebote von attraktiven
Eigentumswohnungen und Reihenhäusern
Vermarktung von provisionsfreien Gewerbeflächen.
Siemensstr. 20
Tel. 28 15 -444

Standesamt
Marktplatz 8
Sprechzeiten Mo – Fr 7.30 – 12.30, Mi 15 – 18 Uhr
Hotline 13 30 77

Amt für Familie, Kinderbetreuung und Sport
Frankfurter Str. 71
Geöffnet Mo – Fr 8 – 12 + Mo – Do 14 – 16Uhr
Tel. 13 29 71

Schulamt, Frankfurter Str. 71, Tel. 13 30 38

Volkshochschule
Justus-Liebig-Haus, Große Bachgasse 2
Geöffnet Mo – Fr 9 – 12, Di 14 – 15, Do 14 – 17 Uhr
Tel. 13 27 86

Versammlungsstätten/Bürgerhäuser
Orangerie, Justus-Liebig-Haus, Bürgermeister-
Pohl-Haus, Ernst-Ludwig-Saal, „Zum Goldenen
Löwen", Saal- und Raumvermietung Tel. 13 20 73

Mobilitätszentrale
Öffentlicher Personennahverkehr
Am Hauptbahnhof 20a
Geöffnet Mo – Fr 8 – 18, Sa 9 – 13 Uhr
Tel. 3 60 51 51

Wissenschafts- und Kongreßzentrum
Darmstadtium
Schlossgraben 1
Tel. 78 06 -0

Technische Universität Darmstadt
Karolinenplatz 5, Tel. 16-01

Interkulturelles Büro
Frankfurter Str. 71, Tel. 13 35 82

Kirchen und andere Religionsgemeinschaften

KIRCHE & CO.

Ein Laden der Kirchen   für die Menschen in der Stadt

Information · Beratung · Gespräch · Wiedereintritt – evangelisch und katholisch

Öffnungszeiten: Mo-Fr 10-19 Uhr (Di bis 18 Uhr) | Sa 10-13 Uhr
Rheinstraße 31 | 64283 Darmstadt | Telefon: 06151-296415
E-Mail: kircheundco@kircheundco.de | Homepage: www.kircheundco.de
Spendenkonto: 2014963 | BLZ 508 501 50 | Sparkasse Darmstadt

Telefonseelsorge
Tel. (0800) 111 0 111 und (0800) 111 02 22

Kirchengemeinden – evangelisch

Darmstadt Nord

Ev. Kirchengemeinde Wixhausen
Römergasse 17, Tel. 0 6150-77 31

Auferstehungsgemeinde Arheilgen
Messeler Str. 31, Tel. 37 16 22

Kreuzkirchengemeinde Arheilgen
Jakob-Jung-Str. 29, Tel. 37 11 90

Philippus-Kirchengemeinde Kranichstein
Im Ökumenischen Gemeindezentrum
Bartningstr. 42, Tel. 7 92 31

Schlosskapelle des Jagdschlosses Kranichstein
Kranichsteiner Str. 261
über Philippusgemeinde Tel. 7 92 31

Darmstadt Mitte

Andreasgemeinde Bessungen
Paul-Wagner-Str. 70, Tel. 6 36 27

Friedensgemeinde
Landgraf-Philipps-Anlage 63, Tel. 31 44 14

Johannesgemeinde
Gemeindehaus/Gemeindebüro
Kahlertstr. 26, Tel. 2 17 53

Martin-Luther-Gemeinde Martinsviertel
Gemeindebüro, Müllerstr. 28, Tel. 7 58 32

Matthäusgemeinde Heimstättensiedlung
Heimstättenweg 75, Tel. 30 74 51

Michaelsgemeinde Martinsviertel
Gemeindebüro, Mollerstr. 23, Tel. 7 94 94

Petrusgemeinde
Gemeindebüro, Am Kapellberg 2, Tel. 63 864

Paul-Gerhardt-Gemeinde Waldkolonie
Rabenaustr. 43, Tel. 82 48 48

Paulusgemeinde Paulusviertel
Niebergallweg 20, Tel. 4 27812

Stadtkirchengemeinde
Gemeindebüro/Gemeindehaus
Kiesstr. 17, Tel. 4 41 50

Südostgemeinde Woogsviertel
Gemeindebüro, Herdweg 122, Tel. 49 43 20

Thomasgemeinde Komponistenviertel
Gemeindebüro, Flotowstr. 29, Tel. 77103

Evang. Stadtmission Darmstadt e.V.
Merckstr. 24, Tel. 2 62 90

Darmstadt-Eberstadt

Christuskirchengemeinde
Heidelberger Landstr. 155, Tel. 95 35 10

Dreifaltigkeitsgemeinde
Heidelberger Landstr. 307, Tel. 5 53 32

Ev. Kirchengemeinde, Eberstadt-Süd
Stresemannstr. 1, Tel. 5 63 18

Kirchengemeinden – katholisch

Darmstadt-Mitte

St. Elisabeth
Schlossgartenstr. 57, Tel. 7 47 47

St. Fidelis
Feldbergstraße 27, Tel. 89 18 27

Hl. Kreuz
Heimstättenweg 102, Tel. 39 99 41

Liebfrauen
Klappacherstr. 46, Tel. 60 19 72-0

St. Ludwig
Wilhelminenplatz 9, Tel. 9 96 80

Kirchen und andere Religionsgemeinschaften

Kath. Hochschulgemeinde
Nieder-Ramstädter-Str. 30, Tel. 2 43 15

Darmstadt-Arheilgen
Hl. Geist
Zöllerstr. 3, Tel. 35 10 31

Darmstadt-Eberstadt
St. Georg
Stockhausenweg 50, Tel. 5 69 58
St. Josef
Schwanenstr. 56, Tel. 5 34 21

Darmstadt-Kranichstein
St. Jakobus
Bartningstr. 40, Tel. 7 41 83

Kirchengemeinden evangelisch-freikirchlich

Ev.–Freikirchliche Gemeinde (Baptisten)
Ahastr. 12, Tel. 3 34 97
Ev.-Methodistische Gemeinde
Christuskirche, Schepp Allee 2
Tel. 0 61 03 - 69 33 03
Freie Christengemeinde
Daimlerweg 2, 82 40 18
Gemeinschaft der Siebenten-Tags-Adventisten
Auf der Marienhöhe 32
Gemeinschaft der Siebenten-Tags-Adventisten
„Leben im Zentrum"
Heidelberger Straße
Neuapostolische Kirche Da-Arheilgen
Falkenstr. 8
Neuapostolische Kirche Da-Mitte
Adelungstr. 18
Neuapostolische Kirche Da-Nord
Büdingerstr. 15
Kontakt: Jürgen Kramer, Tel. 0171 4 15 83 75
Selbständige Ev.-Luth. Kirche (SELK)
Immanuelgemeinde, „Kleine Kirche am See"
Gruberstr. 30, Tel. 7 17 2 00

Gottesdienste in anderen Muttersprachen

Italienische Gemeinde
Feldbergstraße 27, Tel. 71 63 71
Kroatische Gemeinde
Feldbergstraße 32, Tel. 89 62 66

Spanischsprachige Gemeinde
Schlossgartenplatz 3, Tel. 71 90 70
Portugiesischsprachige Gemeinde
Schlossgartenplatz 3, Tel. 78 81 57
Russisch-Orthodoxe Gemeinde
Kirche der Heiligen Maria Magdalena
Auf der Mathildenhöhe, Tel: 42 42 35
Griechisch-Orthodoxe Gemeinde
St. Nikolaus Kirche
Heinrich-Delp-Str. 235, Tel. 0172 - 7 77 2 02

Information:

Kirche&Co. (Kirchliches informationszentrum)
Rheinstr. 31, Tel. 2 96 4 15
Katholisches Dekanat Darmstadt
Tel. 1 52 44 41
Evangelisches Dekanat Darmstadt-Stadt
Tel. 1 36 24 24

Ökumenische Zusammenarbeit

Arbeitsgemeinschaft christlicher Kirchen (ACK)
Katholisches Dekanat Darmstadt
Wilhelm-Glässing-Str. 15, Tel. 1 52 44 41
Arbeitsstelle Ökumene/Interreligiöses Gespräch
Ev. Dekanat Darmstadt-Stadt
„Haus der Kirche" Rheinstr. 31, Tel. 1 36 24 31
FSt Interreligiöse Begegnung
Kath. Dekanat Darmstadt
Wilhelm-Glässing-Str. 15, Tel. 1 52 44 41

Religionsgemeinschaften

Interreligiöser Arbeitskreis Darmstadt
Tel. 0163 - 1 85 47 04
Ahmadiyya Muslim Jamaat
Noor-du-Din Moschee,
Haasstr. 1 A, Tel. 0178 - 8 14 15 91
Türkisch Islamisches Zentrum Darmstadt e.V.
Emir Sultan Moschee
Mainzer Str. 164, Tel. 89 95 99
DITIB Türkisch-Islamische Gemeinde zu Darmstadt e.V.
Zentral-Moschee
Riedstr. 16, Tel. 29 33 64
Alevitische Gemeinde
Donnersbergring 16, Tel. 33 96 14
Der Geistige Rat der Bahá'i
Annastr. 36a

Stichwortverzeichnis:

Fotoverzeichnis:

Titelbild alle Motive: Nikolaus Heiss

Seite 4: Büro des Oberbürgermeisters

Seiten 6, 9, 11, 12, 13 oben, 14, 15, 16, 18, 19, 20 oben, 22, 23, 25, 26, 27, 28, 29, 30, 32, 34, 35, 36, 37, 38, 40 oben links, 42, 44, 45, 46, 47, 48, 49, 50, 52, 53, 54, 56, 57, 58, 59, 60, 61, 62, 64, 65, 66, 67, 68 unten, 69, 70, 71, 72, 73, 75, 76, 80 links, 82, 84, 86, 87, 88, 89, 90, 92, 93, 96 oben rechts u. unten, 97, 98, 99, 100, 102, 103, 104, 105, 107, 109, 110, 112, 113, 116, 117, 118, 121, 124, 127, 135, 142, 162 – Nikolaus Heiss

Seiten 10, 31, 131, 168 – HEAG mobilo / Thomas Klewar

Seite 13 unten – INTEF

Seite 17 – Hessische Hausstiftung, Schlossmuseum Darmstadt

Seiten 20 unten, 24, 39, 41 rechts, 55, 68 oben, 77, 80 rechts, 81, 85, 96 oben links, 122, 156 rechts, 158, 159 – Silke Lindenmayer

Seiten 40 oben rechts, 40 unten, 41 links – Großherzoglich-Hessische Porzellansammlung

Seite 43 – Thomas Ott, www.o2t.de

Seite 106: Baldur Greiner
Seite 114: Klaus Völker
Seite 129: Andreas Weber, iStock
Seite 132: Fraunhofer LBF
Seite 133: Bauverein AG
Seite 134: Merck AG
Seite 135: Darmstadt Marketing GmbH
Seite 136: HSE Darmstadt
Seite 139: Evonik Industries AG
Seite 140: Fraunhofer SIT
Seite 145: Darmstadt Marketing GmbH, Rüdiger Dunker
Seiten 147, 148, 149, 150, 151, 152, 153, 155, 156 links: Internationales Waldkunst Zentrum
Seite 165: Kletterzentrum Darmstadt

Quellenverzeichnis:

- Stadt Darmstadt, Kulturamt: Kunst im öffentlichen Raum,
  Druckhaus Darmstadt; 1994
- Karl Ackermann: Von der Wasserburg zur Großstadt, Reba-Verlag; 1964
- Stadtlexikon Darmstadt, Stadtarchiv, Peter Engels;
  Konrad Theiss Verlag; 2006
- Denkmaltopographie Bundesrepublik Deutschland:
  Stadt Darmstadt, CD-Rom; 1994
- Magistrat der Stadt Darmstadt, Denkmalschutzbehörde:
  Denkmäler in Darmstadt:
  Ein Spaziergang – auf den Spuren der Altstadt; 1995
  Ein Spaziergang durch Eberstadt und das Mühltal; 1999
  Ein Spaziergang über die Mathildenhöhe; 1994
  Ein Spaziergang durch das Paulusviertel; 2000
  Ein Spaziergang durch das alte Wixhausen; 2000
  Der Prinz-Georg-Garten; 2002
- Magistrat der Stadt Darmstadt, Denkmalschutz:
  Die Darmstädter Mathildenhöhe; 1998
- Bredow/Cramer: Bauten in Darmstadt – Architekturführer;
  Eduard Roether Verlag; 1979
- Schneider, Carlo; Die Friedhöfe in Darmstadt;
  Eduard Roehter Verlag; 1991
- Müller, Karlheinz; Literarische Spaziergänge in Darmstadt;
  Eduard Roehter Verlag; 1993
- Franz, Eckhart G./Wagner, Christina: Darmstädter Kalender –
  Daten zur Geschichte unserer Stadt; Justus Von Liebig Verlag 1994
- Baedekers Darmstadt; 1990
- Stadt Darmstadt: 750 Jahre Burg Frankenstein; Ralf-Hellriegel-Verlag
- Orientierung in Darmstadt – Die Stadt: ihre Straßen und ihre
  Kirchen; ACK Darmstadt; 2003
- Büttner, Elli; Darmstädter Theaterjahre; Eduard Roether Verlag 1970
- Schäfer, Georg: Darmstadts Straßennamen; 1994
- Knodt, Manfred: Die Regenten von Hessen-Darmstadt;
  Verlag H.L. Schlapp; 1976
- Ruhl, Hans-Eberhard: Kunst, Kirche und Dorfmuseum auf dem evangelischen Pfarrhof
  in Darmstadt-Wixhausen; 2005
- Kunst und Kultur in Darmstadt; Europäischer Kulturverlag; 2000
- Jutta Reuss, Dorothee Hoppe, Stolpersteine, Druck: Ph Reinheimer, 2013
- Martin Frenzel, Eine Zierde unserer Stadt, Magistrat der Wissenschaftsstadt Darmstadt, 2008

Kennen Sie auch unsere Regionalführer?

ISBN 978-3-940179-13-5

Kennen Sie das
Neckartal?
Von Heilbronn bis Mannheim

ISBN 978-3-940179-10-4

Kennen Sie die
Bergstraße?
Von Darmstadt bis Heidelberg

ISBN 978-3-940179-18-0

Kennen Sie den
südlichen
Odenwald?
Regionalführer

ISBN 978-3-940179-04-3

Kennen Sie das Ried
und die Gegend am
Altrhein?
Regionalführer

ISBN 978-3-940179-13-5

Kennen Sie den
Taunus und
Frankfurt?
Regionalführer

Jeder Band 12,80 €

Unsere Regionalführer machen neugierig auf die schönsten Gegenden Deutschlands. Sie führen auf Routen durch die Ortschaften mit ihren malerischen Marktplätzen, mit Fachwerkbauten und historischen Rathäusern. Sie geben Hinweise auf die Vielfalt der geschichtlichen und kulturellen Zeugnisse, auf Burgen und Schlösser, auf Denkmäler der römischen Zeit und auf Naturschutzgebiete mit Seen, Sümpfen, Waldgebieten und Dünenlandschaften.

www.weststadt-verlag.de

Kennen Sie schon unsere weiteren Stadtführer?

Jeder Band 12,80 €

Unsere Stadtführer begleiten zu den Sehenswürdigkeiten, durch die Parks und zu den Kunst- und Kulturlandschaften. Denkmalgeschützte Gebäude, Kirchen und Rathäuser werden entdeckt und historische Stadtviertel erkundet. Daneben gibt es Tipps zu den kulturellen Einrichtungen, zu Veranstaltungen und zur Gastronomie.

www.weststadt-verlag.de

Justus von Liebig Verlag

DER DARMSTÄDTER KUNST- UND KULTURVERLAG

Jugendstilbad Darmstadt

Herausgegeben von Nikolaus Heiss

Nikolaus Heiss
Jugendstilbad Darmstadt

2009, 212 Seiten
29.80 €, ISBN 978-3-87390-267-1
Bildband zur Geschichte des Darmstädter
Zentralbads anlässlich der Wiedereröffnung
2008 nach umfassenden Sanierungsarbeiten
mit Beiträgen von Klaus Feuchtinger, Nikolaus
Heiss, Kathrin Schmidt, Renate Ch. Hoffmann,
Wolfgang Langer, Thomas Duzia und Falko
Lehmann.

Justus von Liebig Verlag

DER DARMSTÄDTER KUNST- UND KULTURVERLAG

Nikolaus Heiss
Flug über Darmstadt

Die Stadt von oben 2007 – 2010
2010, 228 Seiten, Fadengeheftet
29.80 €, ISBN 978-3-87390-288-6
Bildband mit Luftaufnahmen von Darmstadt
und Beiträgen von Nikolaus Heiss und Paul-
Hermann Gruner.

Justus von Liebig Verlag

DER DARMSTÄDTER KUNST- UND KULTURVERLAG

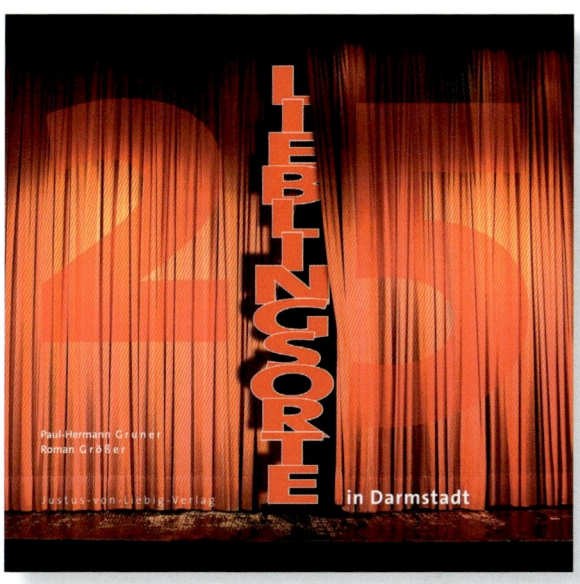

**Paul-Hermann Gruner/
Roman Größer
Lieblingsorte in
Darmstadt**

2007, 228 Seiten
24.80 €, ISBN 978-3-87390-243-5
Paul-Hermann Gruner (Texte) und Roman Größer
(Fotos) haben Menschen, die mit Darmstadt verbunden sind, an deren Lieblingsort in der Stadt
begleitet. Der von der Designerin Katja Struif
exklusiv gestaltete Band enthält 25 Porträts, 25
Feuilletons zur Person, zur Stadt und zur jeweils
sehr individuellen Art der Beziehung zwischen
ihnen beiden.

Skulpturen Garten auf der Ludwigs höhe 202 (handwritten annotation)

JUSTUS VON LIEBIG VERLAG

DER DARMSTÄDTER KUNST- UND KULTURVERLAG

Martin Frenzel (Hrsg.)

„Eine Zierde
unserer Stadt"

Geschichte, Gegenwart und Zukunft
der Liberalen Synagoge Darmstadt

JUSTUS VON LIEBIG VERLAG

Martin Frenzel
„Eine Zierde unserer Stadt"

Geschichte, Gegenwart und Zukunft
der Liberalen Synagoge Darmstadt
2008, 232 Seiten
24.80 €, ISBN 978-3-87390-259-6
Zwölf Autoren dokumentieren den
Fund des 1938 zerstörten jüdischen
Gotteshauses im Oktober 2003 und die
hiesige Entstehung eines städtischen
Erinnerungsorts. Das Buch spiegelt als
facettenreiche Bestandsaufnahme mehr
als 130 Jahre Darmstädter Stadtgeschich-
te, die Wechselwirkung von Juden und
Nicht-Juden in Darmstadt – und versteht
sich als Dokument der Spurensuche über
ein Stück verlorengegangener, zerstörter
jüdischer Kultur.